中国語に続く道
―富士山を目指して―

大島吉郎・小栗山恵・鋤田智彦・頼 助

はじめに

　外国語を学ぶことは、新しい世界観、異なる価値観を知り、手に入れることでもあります。「ことばは単なるコミュニケーションのツール（道具、手段）に過ぎない」と考える考え方は、外国語学習と習得の価値（醍醐味）を半減させてしまいます。

　しかしツールを身に付け、使いこなすには多大の時間を必要とします。失敗と成功の試行錯誤を繰り返しつつ、正しい使い方を身に付けなければなりません。個人的な経験に基づくだけでは、効率的な学習に限界があるのも事実です。そのためには、応用範囲の広い一般的な場面における規範的な文例の学習を通して、個別の事例に対応できる中国語が身に付くよう、段階を踏んでレベルアップを図ることが求められます。

　ことばは「音声」を基本とします。正しい発音の習得は、的確な発音方法に基づいて、何度も何度も繰り返し練習することでしか身に付きません。発音するための発声器官を働かす筋肉と、筋肉に指令を出す神経、更には自分が発した音声をフィードバックして確認する聴覚神経の発達を促す必要があります。語学の修得は、スポーツジムに通いながら、エクササイズの指導をトレーナーから受ける行為に相当すると考えてもらえればよろしいでしょうか。トレーナーがエクササイズをサポートする際に用いるのが、テキストです。テキストの指示に従って、段階的にステップアップして行くことが習得の近道であり、効果的で効率の良い学習方法にほかなりません。

　外国語の学習は、発声器官の筋トレであると同時に、脳の運動中枢、聴覚中枢、記憶中枢、言語中枢を刺激して、これまでには存在しなかった神経回路（ネットワーク）を脳内に築いて行く作業です。運動と休息（睡眠）を継続的に繰り返すことで、自然と神経回路（ネットワーク）が形成されて行きます。個人差はありますが、ある一定以上の時間、中国語を聞き、話すことで、ある日突然、中国語を理解する能力が発現します。その時が、正に脳内（言語中枢：ブローカ野・ウエルニッケ野など）に形成されつつあった神経回路（ネットワーク）が統合的につながった瞬間なのです。

　外国語の学習は、まず知識として「知っている」段階を経て、感覚的に「分かる」状態へと進んで行くことが理想です。中国語的「感覚」を身に付けられるよう、苦しみながらも少しずつ手応えを感じながら、楽しく中国語を学んで行くことが理想です。

　ツールとしての中国語をどう使うのか、どのようなコミュニケーションに役立てたいのか、具体的な目標を立てることも習得にとっては有効です。本書で学んだ中国語が実践の場で実際に役立つことを願っています。

本書の使い方

　本書はセクション（発音編 1〜6）とユニット（本文編 1〜25）から構成されています。まず中国語の発音についての基礎練習をセクション（発音編）で行い、ユニット（本文編）の進行と並行しながら、発音に関するいくつかのルールを確認して行ってください。全部で 25 あるユニット（本文編）は、主に李さんと菊地さん（31 頁「登場人物紹介」参照）の短いダイアローグで始まっています。音声を繰り返し聞き、シャウドウイングが出来るようになるまで練習しましょう。

各ユニットには「ピンイン」と「意味」を記入する欄が設けてあります。予習の段階で、巻末の「単語帳」を利用して書き入れてから、授業に臨むよう準備してください。

　「学びやすく、教えやすい中国語テキスト」の実現を目指して、我々4 人が編集、執筆作業を開始したのは 2010 年上半期のことでした。コンセプト、全体の構成を定めることから始め、学習事項相互のつながりに至るまで綿密な検討と全体的な調整作業を積み重ねた結果、2012 年完成の目標期日を遥かに超えてしまいました。この間、スケジュール管理及び進行は小栗山が統括し、データチェックと管理、調整は鋤田が担当することで、本書はひとまず 2016 年 3 月に初版の完成にこぎ着けることが出来ました。2016 年度は教場での実践により得られた様々なデータをフィードバックするための改訂作業に着手し、時をおかずに第 2 版を上梓することとなりました。理想とする入門、初級テキストの実現を目指して、今後とも継続的に改訂作業を推し進めていく予定です。

　㈱シェーンコーポレーション　ネリーズ編集部石原まゆみ氏には、編集上貴重なアドバイスをいただき、出版事情の厳しい環境の中、一方ならぬご高配を賜りました。この場を借りて感謝の意を表します。

分担表

　セクション 1〜4　　鋤田
　セクション 5〜6　　頼
　ユニット 1〜8　　　鋤田
　ユニット 9〜12　　小栗山
　ユニット 13〜19　　頼
　ユニット 20〜25　　大島
　単語帳　　　　　（中日）鋤田　（日中）小栗山
　録　音　　　　　頼　小栗山　大島　鋤田
　音声データ編集　鋤田

目次

文成分と品詞

発音編

・**セクション１** ··· p. 1

1-1 アルファベットの読み方　　1-3 軽声

1-2 声調　　1-4 声調聞き取り練習

・**セクション２** ··· p. 5

2-1 単母音、特殊な母音 er　　2-4 鼻音を伴う母音

2-2 複母音　　2-5 母音（韻母）のまとめ

2-3 声調符合の付け方と隔音符号

・**セクション３** ··· p. 10

3-1 子音（声母）　　3-4 つづり方の規則（消える o と e、ü）

3-2 反り舌音　　3-5 まぎらわしい音の区別

3-3 無気音・有気音

・**セクション４** ··· p. 13

4-1 中国語の音節構造　　4-4 "不 bù" "一 yī" との声調交替

4-2 音節表　　4-5 r 化

4-3 第 3 声の声調交替　　4-6 声調の組み合わせ

・**セクション５** ··· p. 24

5-1 よく使う表現(1) 挨拶　　5-2 よく使う表現(2) 教室用語

・**セクション６** ··· p. 27

6-1 数の表し方　　6-2 数を使った表現

登場人物紹介 ··· p. 31

本文編

ユニット 1　　你是中国人吗？　　　　　　　　　　　　　　　　p. 32

1. 人称代詞

2. 動詞"是"：「(〜は) …である」

3. "吗"疑問文：「…か」

4. 反復疑問文：「…か」

ユニット 2　　你叫什么名字？　　　　　　　　　　　　　　　　p. 34

1. 名前の尋ね方、答え方

2. 動詞述語文

3. 語気助詞"呢"(1)：「〜は？」

4. 副詞"都"(1)：「いずれも、みな」

ユニット 3　　我也学习英语　　　　　　　　　　　　　　　　　p. 36

1. 疑問詞"什么"：「なに、どんな」

2. 副詞"也"：「〜も」

3. 副詞の連用"也都"：「〜もみな」

ユニット 4　　你的手机号码是多少？　　　　　　　　　　　　　p. 38

1. 動詞"有"(1)：「〜を持っている」

2. 構造助詞"的"：「〜の」

3. 疑問詞"多少"：「いくつ、どれだけ」

4. 指示代詞(1)"这、那、哪"：「これ、それ、あれ、どれ」

ユニット 5　　你买几个面包？　　　　　　　　　　　　　　　　p. 40

1. 量詞"两本书"

2. 疑問詞"几"：「いくつ」

3. 副詞"再"：「また、さらに」

4. 指示代詞と数量表現：指示代詞＋数詞＋量詞＋名詞

ユニット 6　　给你 1020 块　　　　　　　　　　　　　　　　　p. 42

1. 金額の表現

2. 名詞述語文

3. 二重目的語文：「〜に〜を…する」

ユニット 7　　我给我同学买两个　　　　　　　　　　　　　　　p. 44

1. 前置詞"跟〜(一起)…"：「〜と (一緒に) …する」

2. 前置詞"给"：「〜に (…してあげる、してくれる)」「〜に (…する)」

3. 連用修飾語"一个人"：「一人で (…する)」

4. 省略可能な"的"

ユニット 8　　这是什么？　　　　　　　　　　　　　　　　　　p. 46

1. 形容詞述語文

2. 主述述語文：「〜は〜が…だ」

3. 疑問詞"怎么样"：「どうですか」

4. 語気助詞"呢"(2)

ユニット 9　　我们去公园吃吧！　　　　　　　　　　　　　　　p. 48

1. 連動文

2. 前置詞"离"：「〜から」

3. 形容詞句／動詞(句)＋"的"＋名詞

4. 動詞"有"(2)：「〜がいる、〜がある」

ユニット 10　　公园在哪儿？　　　　　　　　　　　　　　　　p. 50

1. 動詞"在"：「〜にある、〜にいる」

2. 方位詞

3. 指示代詞(2)"这个 / 那个 / 哪个"

ユニット 11　你属什么？ ———————————————————— p. 52
1. 干支　　　　　　　　　　　　　　　2. 比較文

ユニット 12　现在几点了？ ——————————————————— p. 54
1. 文末の"了"　　　　　　　　　　　　2. 時点

ユニット 13　我还没去过富士山 ——————————————— p. 56
1. 動態助詞"过"：「…したことがある」　　4. 助動詞"要"(2)：「…しなければなら
2. 助動詞"想""要"(1)：「…したい」　　　ない」
3. 動詞句が主語になる文

ユニット 14　你会开车啊 ————————————————————— p. 58
1. 前置詞"从 A"と"到 B"：「A から」　　3. 選択疑問文"(是) A 还是 B"：「A か
と「B まで」　　　　　　　　　　　　　それとも B か」
2. "多"＋形容詞：「どのくらい…」　　　4. 助動詞"会"：「…できる」

ユニット 15　买了一辆车 ————————————————————— p. 60
1. 動態助詞"了"　　　　　　　　　　　2. 動詞＋"一下"：「ちょっと…する」

ユニット 16　你学了几年日语了？ ————————————— p. 62
1. 時量補語　　　　　　　　　　　　　3. 様態補語：「〜するのが…だ、〜する
2. 動量補語　　　　　　　　　　　　　仕方が…だ」

ユニット 17　我在家看电视 ————————————————————— p. 64
1. 前置詞"在"：「〜で…する」　　　　　3. 動態助詞"着"(2)
2. 動態助詞"着"(1)：「…している」

ユニット 18　你是怎么来的？ ——————————————————— p. 66
1. "是〜的"：「…したのだ」　　　　　　2. 助動詞"能"、"可以"：「…できる、
　　　　　　　　　　　　　　　　　　　可能だ」、「…してもよい」

ユニット 19　我下午上了三节课 ——————————————— p. 68
1. 離合詞　　　　　　　　　　　　　　2. 動詞の重ね型：「ちょっと…する、
　　　　　　　　　　　　　　　　　　　…してみる」

ユニット 20　你在看什么？ ————————————————————— p. 70
1. 副詞"在"：「…しているところだ、　　2. 存現文
…しつつある」

ユニット 21　东西都带好了吗？ ——————————————— p. 72
1. 副詞"又"：「また…」　　　　　　　　3. 主題化
2. 結果補語

ユニット 22　把相机忘在家里了 ——————————————— p. 74

v

1. 単純方向補語   3. 結果補語 "在"：「〜に…する」

2. 前置詞 "把"：「〜を…する」

ユニット **23**　走回来的时候，找得到吗？ ································· p. 76

1. 複合方向補語   3. 結果補語 "到"：（実現、入手）

2. 可能補語：「…できる／…できない」

ユニット **24**　我觉得有点儿冷 ······························· p. 78

1. 使役文:「〜に…させる、〜に…する　　…する、たくさん…する」／ "少" ＋動
よう言う」　　　　　　　　　　　　詞（＋数量表現）:「少なめに…する」

2. "多" ＋動詞（＋数量表現）:「多めに　3. "有点儿" ＋形容詞:「少し…だ」

ユニット **25**　夕阳被云彩遮起来了 ····················· p. 80

1. 受身文：「（〜に）…される」   3. "快要〜了"：「もうすぐ…しそうだ」

2. 方向補語 "起来"

単語帳 ·· p. 82

文成分と品詞

1. 文成分

英・日文法用語	原語（中国語）		
主語	主语	1. 行為の主体	：<u>動作主</u> ＋ 動詞（我 吃饭）
		2. 陳述の主題	：<u>主題</u>　 ＋ 陳述（叶子 红了）
述語	谓语	1. 動作主の行為	：動作主 ＋ <u>動詞</u>（我 吃饭）
		2. 主題の陳述	：主題　 ＋ <u>陳述</u>（叶子 红了）
目的語	宾语	動作の及ぶ対象などを示す語	
補語	补语	動詞・形容詞の後ろに置き、動詞・形容詞を補充説明する語	
連用修飾語	状语	動詞・形容詞を修飾する語、副詞句など	
連体修飾語	定语	名詞を修飾する語、形容詞句など	

※文法用語の扱いについて

　当テキストでは中国語習得上の便宜を図り、英・日文法の語及び原語双方を取り入れて用いる。

2. 品詞

［名］	名詞		［副］	副詞
［代］	代詞（代名詞）		［前］	前置詞（介詞）
［数］	数詞		［接］	接続詞
［量］	量詞（助数詞）		［疑］	疑問詞
［形］	形容詞		［助］	助詞
［動］	動詞		［感］	感嘆詞
［助動］	助動詞（能願動詞）			

3. 基本句形の共通性

［副］＋［動］／［形］

［前］＋［動］

［副］＋［前］＋［動］

［助動］＋［動］

1-1
アルファベットの読み方

🔊 S01-1-1

大文字	小文字	IPA	大文字	小文字	IPA
A	a	a	N	n	nɛ
B	b	pɛ	O	o	o
C	c	ts'ɛ	P	p	p'ɛ
D	d	tɛ	Q	q	tɕ'iu
E	e	ɤ	R	r	ar
F	f	ɛf	S	s	ɛs
G	g	kɛ	T	t	t'ɛ
H	h	xɑ	U	u	u
I	i	i	V	v	vɛ
J	j	tɕiɛ	W	w	uɑ
K	k	k'ɛ	X	x	ɕi
L	l	ɛl	Y	y	ja
M	m	ɛm	Z	z	tsɛ

IPA:International Phonetic Alphabet（国際音声記号）

一口メモ：

発音は腹式呼吸で。腹筋を使って息の流れをコントロールしましょう。

1-2
声　調

声調：音の高低により意味を区別する要素。 🔊 S01-2-1

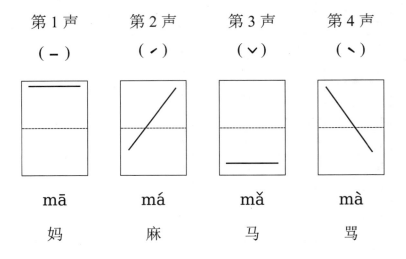

第1声：高く同じ音程を保つ
第2声：上昇
第3声：低く（単独で発音する場合は発音の終わりが上がることもある）
第4声：下降

練習　🔊 S01-2-2
1) mā mǎ má mà
2) mà mā má mǎ
3) mǎ mā mà má
4) má mā mà mǎ

1-3
軽　声

🔊 S01-3-1

第1声＋軽声

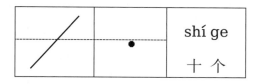

第2声＋軽声

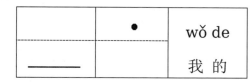

第3声＋軽声

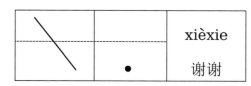

第4声＋軽声

| | | xièxie 谢谢 |

練習 🔊 S01-3-3

1) zhuōzi（桌子）　　dāozi（刀子）　　3) yǐzi（椅子）　　jiǎozi（饺子）

2) bízi（鼻子）　　　háizi（孩子）　　4) kuàizi（筷子）　　màozi（帽子）

家族の紹介 🔊 S01-3-2

bàba 爸爸	gēge 哥哥	dìdi 弟弟	yéye 爷爷	lǎoye 老爷
māma 妈妈	jiějie 姐姐	mèimei 妹妹	nǎinai 奶奶	lǎolao 姥姥

1-4
声調聞き取り練習

🔊 S01-4-1

	ローマ字	声調	記号
零	ling	第2声	╱
一	yi		
二	er		
三	san		
四	si		
五	wu		
六	liu		
七	qi		
八	ba		
九	jiu		
十	shi		

練習 🔊 S01-4-2

1) ba   5) gu

2) du   6) za

3) yi   7) ji

4) ni   8) mo

2-1

単母音、特殊な母音 er

🔊 S02-1-1

a　o　e　i　u　ü　er
(yi)　(wu)　(yu)

a　　　：口を大きく「アー」

o　　　：唇を丸く「オー」

e　　　：「エ」の口の構えで「オー」

i(yi)　：口を左右に引き、鋭く「イー」

u(wu)：唇を小さく丸くすぼめ、「ウー」

ü(yu)：唇を強くすぼめ、口のなかで「イー」

er　　：“e”を発音したまま、舌をすばやく丸める

※（　）は子音と結びつかない場合の表記。

1) l + ì → lì(力)　　　2) b + ù → bù(不)　　　3) n + ǔ → nǔ(女)

　ø + ì → yì(意)　　　　ø + ù → wù(务)　　　　　ø + ǔ → yǔ(雨)

練習 🔊 S02-1-2

1) ā á ǎ à　　　　　5) wū wú wǔ wù

2) ō ó ǒ ò　　　　　6) yū yú yǔ yù

3) ē é ě è　　　　　7) ēr ér ěr èr

4) yī yí yǐ yì

2-2
複母音

1. 二重母音 ◀) S02-2-1

ai	ei	ao	ou	
ia	ie	ua	uo	üe
(ya)	(ye)	(wa)	(wo)	(yue)

2. 三重母音 ◀) S02-2-2

iao	iou	uai	uei
(yao)	(you)	(wai)	(wei)

練習 ◀) S02-2-3

1) āi - iā(yā)

2) ēi - iē(yē)

3) āo - uā(wā)

4) ōu - uō(wō)

5) yuē yué yuě yuè

6) yāo yáo yǎo yào

7) yōu yóu yǒu yòu

8) wāi wái wǎi wài

9) wēi wéi wěi wèi

2-3
声調符合の付け方と隔音符号

声調符合の付ける位置には以下のような規則がある。

1. 母音が一つならばその上に（-è, -ō, -ǐ）
   i に声調符合がつく場合は上の点をとる（ī, í, ǐ, ì）
2. 複数の場合 a があればその上に（ài, áo, -uāi, -àn, yāo）
3. a がなければ e か o の上に（-èi, -ǒu, -uó）
4. i、u が並んだ時は後に（-uì, -iú）（3-4 参照）

　ピンインが続け書きされ、二音節目以降が a、e、o で始まる場合、音節の間に隔音符号「'」を加える。

1) fāng ＋ àn → fāng'àn（方案）　　2) míng ＋ é → míng'é（名額）
　 fǎn ＋ gǎn → fǎngǎn（反感）　　　 mín ＋ gē → míngē（民歌）

練習 ◀)) S02-3-1

1) duo	5) yue
2) gao	6) fou
3) gei	7) wai
4) niu	8) gua

2-4
鼻音を伴う母音

🔊 S02-4-1

an	ang	en	eng	ong

ian	iang	in	ing	iong
(yan)	(yang)	(yin)	(ying)	(yong)

uan	uang	uen	ueng
(wan)	(wang)	(wen)	(weng)

üan		ün	
(yuan)		(yun)	

※ピンインの綴りと実際の発音のずれに気を付けましょう。

練習 🔊 S02-4-2

似ている組み合わせ	1) ān - āng	2) yīn - yīng	3) wān - wāng
似ていない組み合わせ	4) ēn - ēng	5) yān - yāng	6) wēn - wēng
その他	7) yuān - yūn	8) ōng - yōng	

一口メモ:
日本語の音読みで「ン」で終わる字は中国語では-nとなる。
　例:民（ミン）- mín 　　三（サン）- sān 　　分（フン）- fēn
日本語の音読みで「イ」「ウ」で終わる字は中国語では-ngとなる。
　例:名（メイ）- míng 　　桑（ソウ）- sāng 　　風（フウ）- fēng

2-5
母音（韻母）のまとめ

1. 単母音と特殊な母音 🔊 S02-5-1

a   o   e   i(yi)   u(wu)   ü(yu)   er

2. 複母音
二重母音 🔊 S02-5-2

ai   ei   ao   ou

ia(ya)   ie(ye)   ua(wa)   uo(wo)   üe(yue)

三重母音 🔊 S02-5-3

iao(yao)   iou(you)   uai(wai)   uei(wei)

3. 鼻音を伴う母音 🔊 S02-5-4

an   ang   en   eng   ong

ian(yan)   iang(yang)   in(yin)   ing(ying)   iong(yong)

uan(wan)   uang(wang)   uen(wen)   ueng(weng)

üan(yuan)   ün(yun)

一口メモ：

eの音色… 単母音 "e" に近い音　　　　eng・ueng・er
　　　　　日本語の「エ」に近い音　　　ei・ie・üe・en・uei・uen
aの音色… ianは「イエン」に近く発音される。

3-1
子音（声母）

中国語には以下の 21 の頭子音（声母）がある。🔊 S03-1-1

	無気音	有気音	鼻音	摩擦音	その他
唇音	b(o)	p(o)	m(o)	f(o)	
舌尖音	d(e)	t(e)	n(e)		l(e)
舌根音	g(e)	k(e)		h(e)	
舌面音	j(i)	q(i)		x(i)	
反り舌音	zh(i)	ch(i)		sh(i)	r(i)
舌歯音	z(i)	c(i)		s(i)	

※子音だけでは発音がしづらいため、習慣的に（　）内の母音を添える。

3-2
反り舌音

　"zh、ch、sh、r" の舌は丸めず、少し引き気味にして反らす。唇に力は入れず、舌を反らすことを優先する。"zh" は舌を反らして「ジー」、"ch" は舌を反らして強く「チー」、"sh" は舌を反らして「シー」、"r" は "zh、ch、sh" のいずれかの余韻。🔊 S03-2-1

zh(i)　　ch(i)　　sh(i)　　r(i)

練習 🔊 S03-2-2

1) zhàng（丈）　—　chàng（唱）　—　shàng（上）　—　ràng（让）
2) zhè（这）　—　chè（彻）　—　shè（舍）　—　rè（热）
3) zhèn（震）　—　chèn（趁）　—　shèn（甚）　—　rèn（认）
4) zhù（住）　—　chù（处）　—　shù（数）　—　rù（入）

3-3
無気音・有気音

無気音は息と音を同時に出し、有気音は息が先、音が後に出るように発音する。

	ピンイン				
無気音	ba[pa]	[p]	[a]		
有気音	pa[pʰa]	[p]	[ʰ]呼気	[a]	

※音声学的には子音本体は同一である。([　]内は国際音声記号)

練習 ◀)) S03-3-1

1) b(a)　　　ー　　　p(a)　　　bā(八)　　　ー　　　pā(趴)
2) d(a)　　　ー　　　t(a)　　　dā(搭)　　　ー　　　tā(他)
3) g(a)　　　ー　　　k(a)　　　gā(咖)　　　ー　　　kā(咖)
4) j(i)　　　ー　　　q(i)　　　jì(记)　　　ー　　　qì(气)
5) zh(i)　　　ー　　　ch(i)　　　zhì(智)　　　ー　　　chì(赤)
6) z(i)　　　ー　　　c(i)　　　zì(自)　　　ー　　　cì(刺)

3-4
つづり方の規則(消えるoとe、ü)

1. "iou、uei、uen" は子音と結びつくと、間の "o、e" が弱化して "iu、ui、un" となる。 ◀)) S03-4-1

1) q＋iou　　→　　qiū(秋)　　　　　　　3) k＋uen　　→　　kùn(困)
2) s＋uei　　→　　suì(碎)

2. "j、q、x" の後ろの "ü" は "u" と表記される。 ◀)) S03-4-2

1) q＋ǜ　　→　　qù(去)　　　　　　　3) x＋ǘǎn　　→　　xuǎn(选)
2) j＋ǖn　　→　　jūn(君)

3-5

まぎらわしい音の区別

1. "j, q, x"、"zh, ch, sh"、"z, c, s" ◀) S03-5-1

  1) jī(鸡)　　—　　zhī(知)　　—　　zī(姿)

    qì(气)　　—　　chì(翅)　　—　　cì(刺)

    xī(西)　　—　　shī(诗)　　—　　sī(思)

  2) jī(机)　　—　　zī(资)　　—　　zū(租)

    qí(骑)　　—　　cí(词)　　—　　cú(徂)

    xì(细)　　—　　sì(四)　　—　　sù(素)

  3) zhá(炸)　　—　　jiá(夹)

    chà(差)　　—　　qià(恰)

    shā(沙)　　—　　xiā(虾)

2. "h, f"、"c, k"、"z, c, t" ◀) S03-5-2

  1) hú(湖)　　—　　fú(福)

    há(蛤)　　—　　huá(华)　　—　　fá(罚)

    huī(灰)　　—　　hēi(黑)　　—　　fēi(飞)

  2) kān(刊)　　—　　cān(参)

    kāi(开)　　—　　cāi(猜)

    kōng(空)　　—　　cōng(聪)

  3) zū(租)　　—　　cū(粗)　　—　　tū(突)

4-1
中国語の音節構造

	音節				声　調
	声　母	韻　母			
		介母音	主母音	尾母音	
nǐ	n		i		3
tài	t		a	i	4
miǎo	m	i	a	o	3
duō	d	u	o		1
shān	sh		a	n	1
áng			a	ng	2

※ピンインは地名・人名等の固有名詞や文頭では大文字で書きはじめます。

例：

Dōngjīng　Fùshì Shān　Júdì Hóng　　Lǐ Hóng
东京　　　富士 山　　　菊地 宏　　　李 红

4-2

音節表（405 個）

1. 単母音、特殊な母音 er（83 個） 🔊 S04-2-1

韻母 / 声母	(1) a	(2) o	(3) e	(4) i [i]	(5) -i [ɿ]	(6) -i [ʅ]	(7) u	(8) ü	(9) er
一	a	o	e	yi			wu	yu	er
b	ba	bo		bi			bu		
p	pa	po		pi			pu		
m	ma	mo	me	mi			mu		
f	fa	fo					fu		
d	da		de	di			du		
t	ta		te	ti			tu		
n	na		ne	ni			nu	nü	
l	la		le	li			lu	lü	
g	ga		ge				gu		
k	ka		ke				ku		
h	ha		he				hu		
j				ji				ju	
q				qi				qu	
x				xi				xu	
zh	zha		zhe		zhi		zhu		
ch	cha		che		chi		chu		
sh	sha		she		shi		shu		
r			re		ri		ru		
z	za		ze			zi	zu		
c	ca		ce			ci	cu		
s	sa		se			si	su		

2.複合母音：二重母音 （110 個） 🔊 S04-2-2

韻母／声母	(10) ai	(11) ei	(12) ao	(13) ou	(14) ia	(15) ie	(16) ua	(17) uo	(18) üe
一	ai	ei	ao	ou	ya	ye	wa	wo	yue
b	bai	bei	bao			bie			
p	pai	pei	pao	pou		pie			
m	mai	mei	mao	mou		mie			
f		fei		fou					
d	dai	dei	dao	dou		die		duo	
t	tai		tao	tou		tie		tuo	
n	nai	nei	nao	nou		nie		nuo	nüe
l	lai	lei	lao	lou	lia	lie		luo	lüe
g	gai	gei	gao	gou			gua	guo	
k	kai		kao	kou			kua	kuo	
h	hai	hei	hao	hou			hua	huo	
j					jia	jie			jue
q					qia	qie			que
x					xia	xie			xue
zh	zhai	zhei	zhao	zhou			zhua	zhuo	
ch	chai		chao	chou			chua	chuo	
sh	shai	shei	shao	shou			shua	shuo	
r			rao	rou				ruo	
z	zai	zei	zao	zou				zuo	
c	cai		cao	cou				cuo	
s	sai		sao	sou				suo	

3.複合母音：三重母音（39 個）🔊 S04-2-3

韻母 声母	(19) iao	(20) iou	(21) uai	(22) uei
一	yao	you	wai	wei
b p m f	biao piao miao	 miu		
d t n l	diao tiao niao liao	diu niu liu		dui tui
g k h			guai kuai huai	gui kui hui
j q x	jiao qiao xiao	jiu qiu xiu		
zh ch sh r			zhuai chuai shuai	zhui chui shui rui
z c s				zui cui sui

4.鼻音を伴う母音(1)（87 個）　🔊 S04-2-4

韻母 声母	(23) an	(24) ang	(25) en	(26) eng	(27) ong
一	an	ang	en	eng	
b	ban	bang	ben	beng	
p	pan	pang	pen	peng	
m	man	mang	men	meng	
f	fan	fang	fen	feng	
d	dan	dang	den	deng	dong
t	tan	tang		teng	tong
n	nan	nang	nen	neng	nong
l	lan	lang		leng	long
g	gan	gang	gen	geng	gong
k	kan	kang	ken	keng	kong
h	han	hang	hen	heng	hong
j					
q					
x					
zh	zhan	zhang	zhen	zheng	zhong
ch	chan	chang	chen	cheng	chong
sh	shan	shang	shen	sheng	
r	ran	rang	ren	reng	rong
z	zan	zang	zen	zeng	zong
c	can	cang	cen	ceng	cong
s	san	sang	sen	seng	song

5.鼻音を伴う母音(2) （41 個） ◀) S04-2-5

韻母 声母	(28) ian	(29) iang	(30) in	(31) ing	(32) iong
一	yan	yang	yin	ying	yong
b	bian		bin	bing	
p	pian		pin	ping	
m	mian		min	ming	
f					
d	dian			ding	
t	tian			ting	
n	nian	niang	nin	ning	
l	lian	liang	lin	ling	
g					
k					
h					
j	jian	jiang	jin	jing	jiong
q	qian	qiang	qin	qing	qiong
x	xian	xiang	xin	xing	xiong
zh					
ch					
sh					
r					
z					
c					
s					

6.鼻音を伴う母音(3)（45 個） ◀)) S04-2-6

韻母 / 声母	(33) uan	(34) uang	(35) uen	(36) ueng	(37) üan	(38) ün
一	wan	wang	wen	weng	yuan	yun
b p m f						
d t n l	duan tuan nuan luan		dun tun nun lun			
g k h	guan kuan huan	guang kuang huang	gun kun hun			
j q x					juan quan xuan	jun qun xun
zh ch sh r	zhuan chuan shuan ruan	zhuang chuang shuang	zhun chun shun run			
z c s	zuan cuan suan		zun cun sun			

4-3
第3声の声調交替

第3声の音節が続くとき、前の音節を第2声で発音する。 🔊 S04-3-1

  nǐ hǎo（你好） → ní hǎo
  wǎngzhǐ（网址） → wángzhǐ
  zhǎnlǎnguǎn（展览馆） → zhánlánguǎn

注：第2声として発音するが、声調符号は第3声のまま表記する。

🔊 S04-3-2

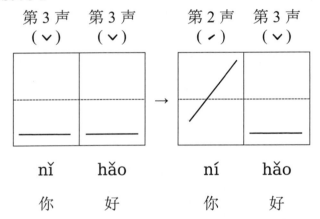

🔊 S04-3-3

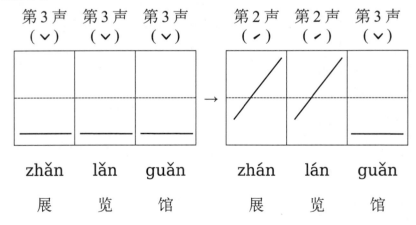

4-4

"不 bù" と "一 yī" の声調交替

"不 bù" の後ろに第4声が続くとき、"不" は第2声 "bú" と発音する。🔊 S04-4-1

不 吃 bù chī 　　不 来 bù lái 　　不 走 bù zǒu

不 看 bú kàn 　　不 去 bú qù 　　不 要 bú yào

"一" の後ろに第1声、第2声、第3声が続くとき、"一" は第4声 "yì" と発音する。
🔊 S04-4-2

一 天 yì tiān 　　　一 年 yì nián 　　　一 百 yìbǎi

"一" の後ろに第4声が続くとき、"一" は第2声 "yí" と発音する。🔊 S04-4-3

一 万 yíwàn 　　　　一 次 yí cì 　　　　一 块 yí kuài

ただし、順序を表す場合は、第1声 "yī" のまま、声調交替しない。🔊 S04-4-4

第 一 天 dì yī tiān 　　第 一 次 dì yī cì

一 月 yī yuè 　　 一 号 yī hào 　　 一 年级 yī niánjí

	"不""一" の声調	後続する 字の声調
不 bù	bú	4
	bù	1, 2, 3
一 yī	yí	4
	yì	1, 2, 3

※ "不""一" の声調符号は共に交替したとおりに表記する。

4-5
r化

単語の音節の末尾に舌を軽く反り上げることをr化という（花儿 huār、猫儿 māor、歌儿 gēr）。以下の場合は発音する際に注意が必要である。🔊 S04-5-1

1. -nの場合は-n脱落　　　　…　玩儿 wánr　　一点儿 yìdiǎnr
2. 複合母音の-iの場合は-i脱落　…　小孩儿 xiǎoháir　　味儿 wèir
3. 単母音の-iの場合はあいまいに　…　皮儿 pír　　事儿 shìr　　字儿 zìr
4. -ngの場合は鼻音化　　　　…　空儿 kòngr　　信封儿 xìnfēngr

4-6
声調の組み合わせ

🔊 S04-6-1

		2文字目				
		第1声	第2声	第3声	第4声	軽声
1文字目	第1声	1 māmā	2 māmá	3 māmǎ	4 māmà	5 māma
	第2声	6 mámā	7 mámá	8 mámǎ	9 mámà	10 máma
	第3声	11 mǎmā	12 mǎmá	13 mǎmǎ	14 mǎmà	15 mǎma
	第4声	16 màmā	17 màmá	18 màmǎ	19 màmà	20 màma

※第3声に第1、2、4声が続くと第3声は低いままで発音される。

発音練習 1 ◀) S04-6-2

	第1声	第2声	第3声	第4声
第1声	Dōngjīng 东京	Sānchóng 三重	Qīngshuǐ 清水	Qiānyè 千叶
第2声	Héngbīn 横滨	Cíchéng 茨城	Xióngběn 熊本	Zúlì 足利
第3声	Cǎojīn 草津	Suǒzé 所泽	Jiǎfǔ 甲府	Zuǒhè 佐贺
第4声	Àizhī 爱知	Nàiliáng 奈良	Dàbǎn 大阪	Fùshì 富士

発音練習 2 ◀) S04-6-3

	第1声	第2声	第3声	第4声
第1声	Tiānjīn 天津	Kūnmíng 昆明	Xiānggǎng 香港	Qūfù 曲阜
第2声	Níngbō 宁波	Húnán 湖南	Táiběi 台北	Chóngqìng 重庆
第3声	Běijīng 北京	Shěnyáng 沈阳	Běihǎi 北海	Wǔhàn 武汉
第4声	Sìchuān 四川	Àomén 澳门	Shànghǎi 上海	Dàqìng 大庆

5-1
よく使う表現（1）挨拶

🔊 S05-1-1

1. 你好！	Nǐ hǎo!
2. 您好！	Nín hǎo!
3. 您贵姓？	Nín guìxìng?
4. 我姓张，叫张小英。	Wǒ xìng Zhāng, jiào Zhāng Xiǎoyīng.
5. 你叫什么名字？	Nǐ jiào shénme míngzi?
6. 我叫王鸿。	Wǒ jiào Wáng Hóng.
7. 初次见面。	Chūcì jiànmiàn.
8. 请多关照。	Qǐng duō guānzhào.
9. 好久不见。	Hǎo jiǔ bú jiàn.
10. 你家有几口人？	Nǐ jiā yǒu jǐ kǒu rén?
11. 你是哪国人？	Nǐ shì nǎ guó rén?
12. 你几年级？	Nǐ jǐ niánjí?
13. 你多大了？	Nǐ duō dà le?
14. 不好意思。	Bù hǎo yìsi.
15. 对不起。	Duìbuqǐ.
16. 没关系。	Méi guānxi.
17. 谢谢你。	Xièxie nǐ.
18. 不谢。	Bú xiè.
19. 太麻烦你了。	Tài máfan nǐ le.
20. 不客气。	Bú kèqi.
21. 再见！	Zàijiàn!
22. 明天见！	Míngtiān jiàn!
23. 回头见！	Huítóu jiàn!

5-2

よく使う表現（2）教室用語

🔊 S05-2-1

1. 大家好！	Dàjiā hǎo!
2. 老师好！	Lǎoshī hǎo!
3. 现在开始上课。	Xiànzài kāishǐ shàngkè.
4. 今天学习第一课。	Jīntiān xuéxí dì yī kè.
5. 请打开课本。	Qǐng dǎkāi kèběn.
6. 请翻到第十页。	Qǐng fāndào dì shí yè.
7. 请看生词。	Qǐng kàn shēngcí.
8. 请看黑板。	Qǐng kàn hēibǎn.
9. 请跟我念课文。	Qǐng gēn wǒ niàn kèwén.
10. 请跟我再念一遍。	Qǐng gēn wǒ zài niàn yí biàn.
11. 请大点儿声。	Qǐng dà diǎnr shēng.
12. 下面请大家背课文。	Xiàmian qǐng dàjiā bèi kèwén.
13. 有什么问题吗？	Yǒu shénme wèntí ma?
14. 今天学的大家都懂了吗？	Jīntiān xué de dàjiā dōu dǒng le ma?
15. 你们都明白了吗？	Nǐmen dōu míngbai le ma?
16. 今天就学到这里。	Jīntiān jiù xuédào zhèli.
17. 下课了。	Xiàkè le.

よく使う表現の日本語訳

(1) 挨拶	(2) 教室用語
1. こんにちは。	1. 皆さんこんにちは。
2. こんにちは。（丁寧な言い方）	2. 先生こんにちは。
3. （相手の姓を丁寧に尋ねる言い方）	3. 今から授業を始めます。
4. 私は張という姓で、張小英と言います。	4. 今日は第一課を勉強します。
	5. 教科書を開いてください。
5. あなたはなんという名前ですか。	6. 10ページを開いてください。
6. 私は王鴻と言います。	7. 新出単語を見てください。
7. 初めまして	8. 黒板を見てください。
8. よろしくお願いします。	9. 私について教科書の本文を読んで下さい。
9. お久しぶりです。	
10. ご家族は何人ですか。	10. 私についてもう一度読んで下さい。
11. お国はどちらですか。	11. もう少し大きな声で。
12. 何年生ですか。	12. これから本文を暗記してください。
13. （年齢について）おいくつですか。	13. 何か質問はありますか。
14. 恐縮です。申し訳ない。すみません。	14. 今日学んだこと、皆さんわかりましたか。
15. すみません。ごめんなさい。	
16. 差し支えない。大丈夫だ。	15. 皆さんわかりましたか。
17. あなたに感謝します。	16. 今日はここまで。
18. どういたしまして。	17. これで授業を終わります。
19. ご面倒をおかけしました。	
20. どういたしまして。お構いなく。	
21. さようなら。	
22. また明日。	
23. また後で。	

6-1
数の表し方

1. 百までの数字 ◀)) S06-1-1

líng	yī	èr	sān	sì	wǔ	liù	qī	bā	jiǔ	shí
零	一	二	三	四	五	六	七	八	九	十

shíyī	shí'èr	shísān	shísì	shíwǔ	shíliù	shíqī
十一	十二	十三	十四	十五	十六	十七

shíbā	shíjiǔ	èrshí	èrshiyī	èrshi'èr	sānshisān	sìshisì
十八	十九	二十	二十一	二十二	三十三	四十四

wǔshiwǔ	liùshiliù	qīshiqī	bāshibā	jiǔshijiǔ	yìbǎi
五十五	六十六	七十七	八十八	九十九	一百

2. 三桁以上の数字は、0と1に注意 ◀)) S06-1-2

100	101	110
yìbǎi	yìbǎi líng yī	yìbǎi yīshí
一百	一百零一	一百一十

1000	1001	1010
yìqiān	yìqiān líng yī	yìqiān líng yīshí
一千	一千零一	一千零一十

(1) 「1」が100以上の数に使われた場合には、その都度「1」（"一"）を発音する。

110 一百二十 yìbǎi yī shí　　　　　※10の位の「1」は第1声のまま

(2) 「0」が他の数字にはさまれた場合には、「0」（"零"）を一度発音する。

101 一百零一 yìbǎi líng yī　　　　10010 一万零一十 yíwàn líng yī shí

3. 「2」の言い方 ◀)) S06-1-3

2000	2100	2210
liǎngqiān	liǎngqiān yìbǎi	liǎngqiān èrbǎi yīshí
两千	两千一百	两千二百一十

「2」は、四桁以上で最も上の位の場合のみ"两"となり、その他の場合は"二"となる。

2 二 èr　20 二十 èrshí　200 二百 èrbǎi

2200 两千二百 liǎngqiān èrbǎi　22000 两万二千 liǎngwàn èrqiān

6-2

数を使った表現

1. 年齢の尋ね方、答え方

（下線部を入れ替えて練習しましょう）

練習 ◀)) S06-2-1

(1) A：你妹妹今年几岁？　　　　　Nǐ mèimei jīnnián jǐ suì?

　　B：她今年 八 岁。　　　　　Tā jīnnián bā suì.

(2) A：你今年多大？　　　　　　　Nǐ jīnnián duō dà?

　　B：我今年 十九 岁。　　　　Wǒ jīnnián shíjiǔ suì.

(3) A：你爸爸今年多大岁数？　　　Nǐ bàba jīnnián duō dà suìshu?

　　B：他今年 四十七 岁。　　　Tā jīnnián sìshiqī suì.

2. 日、月の言い方

◀)) S06-2-2

yī hào	èr hào	sān hào		sì yuè	wǔ yuè	liù yuè
一号	二号	三号		四月	五月	六月

練習 ◀)) S06-2-3

A：你的生日几月几号？　　　　Nǐ de shēngrì jǐ yuè jǐ hào?

B：我的生日 七 月 二十八 号。Wǒ de shēngrì qī yuè èrshibā hào.

◀)) S06-2-4

qiántiān	zuótiān	jīntiān	míngtiān	hòutiān	měitiān
前天	昨天	今天	明天	后天	每天

◀)) S06-2-5

shàng ge yuè	zhè ge yuè	xià ge yuè	měi ge yuè
上 个 月	这 个 月	下 个 月	每 个 月

練習 ◀)) S06-2-6

A：__今天__ 几月几号？   __Jīntiān__ jǐ yuè jǐ hào?

B：__今天__ __五__月__一__号。   __Jīntiān__ __wǔ__ yuè __yī__ hào.

3. 曜日の言い方

◀)) S06-2-7

xīngqī yī	xīngqī èr	xīngqī sān	xīngqī sì
星期 一	星期 二	星期 三	星期 四
xīngqī wǔ	xīngqī liù	xīngqī tiān / xīngqī rì	
星期 五	星期 六	星期 天 / 星期 日	
shàng ge xīngqī	zhè ge xīngqī	xià ge xīngqī	měi ge xīngqī
上 个 星期	这 个 星期	下 个 星期	每 个 星期

練習 ◀)) S06-2-8

A：__今天__ 星期几？   __Jīntiān__ xīngqī jǐ？

B：__今天__ 星期__三__。   __Jīntiān__ xīngqī__sān__.

4. 年の言い方

◀)) S06-2-9

qiánnián	qùnián	jīnnián	míngnián	hòunián	měinián
前年	去年	今年	明年	后年	每年

練習 ◀)) S06-2-10

A：__今年__ 二〇几几年？   __Jīnnián__ èr líng jǐ jǐ nián?

B：__今年__ 二〇__二__ __〇__年。   __Jīnnián__ èr líng __èr__ __líng__ nián.

5. 家族の紹介

練習 ◀)) S06-2-11

A：你家有几口人？　　　　　　　Nǐ jiā yǒu jǐ kǒu rén?
B：我家有 六 口人。　　　　　　Wǒ jiā yǒu liù kǒu rén.
A：你有兄弟姐妹吗？　　　　　　Nǐ yǒu xiōngdì jiěmèi ma?
B：我有 一个哥哥 和 两个妹妹 。　Wǒ yǒu yí ge gēge hé liǎng ge mèimei.
（ 我没有兄弟姐妹。　　　　　　Wǒ méi yǒu xiōngdì jiěmèi.）

6. 時刻の言い方 ◀)) S06-2-12

	现在几点?	Xiànzài jǐ diǎn?
1:20	一点二十分	yì diǎn èrshí fēn
2:02	两点零二分	liǎng diǎn líng èr fēn
3:15	三点十五分	sān diǎn shíwǔ fēn
	（三点一刻）	(sān diǎn yí kè)
4:45	四点四十五分	sì diǎn sìshiwǔ fēn
	（四点三刻）	(sì diǎn sān kè)
5:30	五点三十分	wǔ diǎn sānshí fēn
	（五点半）	(wǔ diǎn bàn)
2:55	两点五十五分	liǎng diǎn wǔshiwǔ fēn
	（差五分三点）	(chà wǔ fēn sān diǎn)

※ "一点 yì diǎn" は "yī diǎn" とも発音される。

7. 時量の言い方 ◀)) S06-2-13

(1) yì fēn (zhōng)　　　(2) yí ge xiǎoshí　　　(3) yì tiān
　　一 分 （钟）　　　　　一 个 小时　　　　　一 天
　　liǎng fēn (zhōng)　　　liǎng ge xiǎoshí　　　liǎng tiān
　　两 分 （钟）　　　　　两 个 小时　　　　　两 天

(4) yí ge xīngqī　　　　(5) yí ge yuè　　　　　(6) yì nián
　　一 个 星期　　　　　一 个 月　　　　　　一 年
　　liǎng ge xīngqī　　　liǎng ge yuè　　　　　liǎng nián
　　两 个 星期　　　　　两 个 月　　　　　　两 年

登場人物紹介

地域：東京

場面：日本のある大学の教室内から始まる。

登場人物：

・李紅：女、21才、上海出身。北京の大学に在籍しており、現在日本の大学に交換留学生として来日している。日本語能力検定2級程度、大学3年生、経営学専攻、B型、留学生寮に住んでいる。

・菊地宏：男、19才、大学1年生、法学部、AB型、父親に勧められ中国語を履修する。

・父：50才、山梨出身、メーカー勤務の会社員、度々中国に出張する。英語が堪能で、中国語も少し話せる。厳格な人柄、A型。

・母：48才、神奈川出身、専業主婦、マイペースな性格、B型。

・兄：21才。

・妹1：高校2年生。

・妹2：中学3年生。

・売店の女性店員：45才、菊地君の近所に住んでいる。O型、おっとりとした性格。

ユニット1　你是中国人吗?

🔊 U01-1-1

Lǐ　　Nǐ shì Zhōngguórén ma?
李：　你 是　　中国人　　吗？

Júdì　Bú shì, wǒ shì Rìběnrén.
菊地：不 是，我 是　日本人。

　　　Nǐ shì bu shì Zhōngguórén?
　　　你 是 不 是　　中国人？

　　　Shì,　wǒ shì Zhōngguó liúxuéshēng.
李：　是，我 是　　中国　　留学生。

🔊 U01-1-2

	ピンイン	意味		ピンイン	意味
李			我们		
菊地			咱们		
你			你们		
是			他们		
中国			她们		
人			它们		
吗			亚洲		
不			美国		
我			韩国		
日本			英国		
留学生			学生	xuésheng	
您			老师	lǎoshī	
他			意大利	Yìdàlì	
她			俄国	Éguó	
它					

32

ポイント

1. 人称代詞 ◀ﾘ)U01-2-1

"我们"と"咱们"の使い分けに注意。

	一人称	二人称	三人称
単数	wǒ 我	nǐ nín 你 您	tā tā tā 他 她 它
複数	wǒmen zánmen 我们 咱们	nǐmen 你们	tāmen tāmen tāmen 他们 她们 它们

2. 動詞"是":「(〜は) …である」 ◀ﾘ)U01-2-2

否定は"不是"。

1) 我们是日本人。　　　　　　Wǒmen shì Rìběnrén.

2) 你们是中国人。　　　　　　Nǐmen shì Zhōngguórén.

3) 咱们是亚洲人。　　　　　　Zánmen shì Yàzhōurén.

4) 她们不是美国人。　　　　　Tāmen bú shì Měiguórén.

3. "吗"疑問文:「…か」 ◀ﾘ)U01-2-3

文末に"吗"を加えると疑問文となる。

1) 他是留学生吗?　　　　　　Tā shì liúxuéshēng ma?

2) 你们是韩国人吗?　　　　　Nǐmen shì Hánguórén ma?

4. 反復疑問文:「…か」 ◀ﾘ)U01-2-4

「肯定形＋否定形」の形で疑問文となる。"吗"は用いない。間にある否定副詞は軽声となる。

1) 你是不是日本人?　　　　　Nǐ shì bu shì Rìběnrén?

2) 他们是不是英国人?　　　　Tāmen shì bu shì Yīngguórén?

-------------------------------------練習問題-------------------------------------

(1) 私は学生です。(学生 是 我)

(2) いいえ、私は先生ではありません。(不 不 老师 我 是 是)

(3) あなたたちはイタリア人ですか。(意大利人 是 你们 吗)

(4) はい、私は日本人留学生です。(我 留学生 是 是 日本)

(5) 彼はロシア人ですか。(是 是 他 俄国人 不)

ユニット 2 你叫什么名字?

🔊 U02-1-1

Nǐ jiào shénme míngzi?
菊地： 你 叫 什么 名字?

Wǒ jiào Lǐ Hóng, nǐ ne?
李： 我 叫李 红，你 呢?

Wǒ xìng Júdì.　Wǒ jiào Júdì Hóng.
菊地： 我 姓 菊地。我 叫 菊地 宏。

Zhēn de? Wǒmen dōu jiào "Hóng"!
李： 真 的? 我们 都 叫 "Hóng"!

🔊 U02-1-2

	ピンイン	意味		ピンイン	意味
叫	_____	_____	看	_____	_____
什么	_____	_____	电视	_____	_____
名字	_____	_____	去	_____	_____
红	_____	_____	做	_____	_____
呢	_____	_____	作业	_____	_____
姓	_____	_____	爸爸	_____	_____
宏	_____	_____	公园	_____	_____
真的	_____	_____	渡边	Dùbiān	_____
都	_____	_____	谦造	Qiānzào	_____
川岛	_____	_____	报纸	bàozhǐ	_____
一郎	_____	_____	念	niàn	_____
贵姓	_____	_____	课文	kèwén	_____
丰田	_____	_____	吃	chī	_____
香织	_____	_____	泰国	Tàiguó	_____
喝	_____	_____	菜	cài	_____
咖啡	_____	_____			

ポイント

1. 名前の尋ね方、答え方 ◀)) U02-2-1

尋ね方には大きく分けて二通りある。

1) 你叫什么名字？　　　　　　　Nǐ jiào shénme míngzi?
　　―― 我叫川岛一郎。　　　　　―― Wǒ jiào Chuāndǎo Yīláng.
2) 您贵姓？　　　　　　　　　　Nín guìxìng?
　　―― 我姓丰田。　　　　　　　―― Wǒ xìng Fēngtián.
　　　　我叫丰田香织。　　　　　　Wǒ jiào Fēngtián Xiāngzhī.

2. 動詞述語文 ◀)) U02-2-2

動詞が述語となる文。「主語＋動詞＋目的語」の順。否定は「"不"＋動詞」。

1) 他喝咖啡。　　　　　　　　　Tā hē kāfēi.
2) 我不看电视。　　　　　　　　Wǒ bú kàn diànshì.
3) 你去中国吗？　　　　　　　　Nǐ qù Zhōngguó ma?

3. 語気助詞"呢"：「～は？」(1) ◀)) U02-2-3

省略疑問を表す。文末に用い、日本語の「～は？」に相当する。

1) 她是日本人，你呢？　　　　　Tā shì Rìběnrén, nǐ ne?
2) 我们做作业，他呢？　　　　　Wǒmen zuò zuòyè, tā ne?
3) 爸爸呢？　　　　　　　　　　Bàba ne?

4. 副詞"都"(1)：「いずれも、みな」 ◀)) U02-2-4

副詞は主語の後ろ、動詞の前に置かれる。他の副詞との語順に注意。

1) 我们都去公园。　　　　　　　Wǒmen dōu qù gōngyuán.
2) 咱们都是学生。　　　　　　　Zánmen dōu shì xuésheng.
3) 我们都不是老师。　　　　　　Wǒmen dōu bú shì lǎoshī.
4) 我们不都是老师。　　　　　　Wǒmen bù dōu shì lǎoshī.

※3)は全否定（皆先生ではない、先生は一人もいない）、4)は部分否定（皆が先生というわけではない、先生とそうでない人がそれぞれいる）となる。

---練習問題---

(1) 私は渡辺謙造といいます。（渡边 叫 我 谦造）

(2) あなたは新聞を読みますか。（报纸 你 吗 看）

(3) 彼女は教科書の本文を読みます。あなたは。（课文 她 呢 念 你）

(4) 私たちはみな留学生ではない。（都 我们 不 留学生 是）

(5) 彼らはみなタイ料理を食べるわけではない。（吃 他们 不 都 泰国菜）

35

ユニット3　我也学习英语

🔊 U03-1-1

Nǐ xuéxí shénme?
菊地：你 学习 什么？

Wǒ xuéxí Rìyǔ, yě xuéxí Yīngyǔ.
李： 我 学习 日语，也 学习 英语。

Wǒ yě xuéxí Yīngyǔ.
菊地： 我 也 学习 英语。

Tāmen yě dōu xuéxí Yīngyǔ.
李： 他们 也 都 学习 英语。

🔊 U03-1-2

	ピンイン	意味		ピンイン	意味
学习	_____	_____	电影	_____	_____
日语	_____	_____	刘	_____	_____
也	_____	_____	司机	_____	_____
英语	_____	_____	学	xué	_____
茶	_____	_____	电脑	diànnǎo	_____
医生	_____	_____	香港	Xiānggǎng	_____
小	_____	_____	西班牙语	Xībānyáyǔ	_____
王	_____	_____	福冈	Fúgāng	_____
翻译	_____	_____	护士	hùshi	_____
老	_____	_____	听	tīng	_____
张	_____	_____	古典	gǔdiǎn	_____
作家	_____	_____	音乐	yīnyuè	_____
汉语	_____	_____			

ポイント

1. 疑問詞 "什么":「なに、どんな」 ◀)) U03-2-1

単独で用いられる場合と直接名詞を修飾する場合がある。

1) 你吃什么？　　　　　　　　　Nǐ chī shénme?

2) 你喝什么茶？　　　　　　　　Nǐ hē shénme chá?

2. 副詞 "也":「～も」 ◀)) U03-2-2

主語の後ろ、動詞の前に置かれる。否定は "也不" の順となる。

1) 他也是医生。　　　　　　　　　　　Tā yě shì yīshēng.

2) 小王是翻译，老张也是翻译。　　　Xiǎo Wáng shì fānyì, lǎo Zhāng yě shì fānyì.

3) 老张是作家，老张也是翻译。　　　Lǎo Zhāng shì zuòjiā, lǎo Zhāng yě shì fānyì.

4) 我也学习汉语。　　　　　　　　　　Wǒ yě xuéxí Hànyǔ.

5) 你也看中国电影吗？　　　　　　　Nǐ yě kàn Zhōngguó diànyǐng ma?

6) 小刘也不是司机。　　　　　　　　　Xiǎo Liú yě bú shì sījī.

3. 副詞の連用 "也都":「～もみな」 ◀)) U03-2-3

"也都" の順となる。

1) 他们也都去美国。　　　　　　　　Tāmen yě dōu qù Měiguó.

2) 我们也都不是留学生。　　　　　　Wǒmen yě dōu bú shì liúxuéshēng.

------------------ 練習問題 ------------------

(1) 私もパソコンを習っています。（电脑　我　学　也）

(2) 私たちは何料理を食べますか。（吃　咱们　菜　什么）

(3) 彼はスペイン語も学んでいますか。（学习　他　吗　西班牙语　也）

(4) 彼女たちもみな香港人です。（是　也　她们　香港人　都）

(5) 福岡さんも看護師ではありません。（不　护士　福冈　是　也）

(6) 彼らもみなクラシック音楽を聞きません。（也　他们　古典音乐　都　不　听）

37

ユニット4　你的手机号码是多少?

🔊 U04-1-1

Nǐ yǒu shǒujī ma?

菊地： 你 有 手机 吗？

Hái méi yǒu. Nǐ de shǒujī hàomǎ shì duōshao?

李： 还 没 有。你 的 手机 号码 是 多少？

Líng líng jiǔ yāo èr sān sì wǔ liù qī bā. Nǐ de ne?

菊地： 0 0 9 1 2 3 4 5 6 7 8。你 的 呢？

Zhè shì liúxuéshēng sùshè de diànhuà hàomǎ.

李： 这 是 留学生 宿舍 的 电话 号码。

🔊 U04-1-2

	ピンイン	意味		ピンイン	意味
有	＿＿＿＿	＿＿＿＿	课本	＿＿＿＿	＿＿＿＿
手机	＿＿＿＿	＿＿＿＿	照相机	＿＿＿＿	＿＿＿＿
还	＿＿＿＿	＿＿＿＿	意见	＿＿＿＿	＿＿＿＿
没	＿＿＿＿	＿＿＿＿	谁	＿＿＿＿	＿＿＿＿
的	＿＿＿＿	＿＿＿＿	雨伞	＿＿＿＿	＿＿＿＿
号码	＿＿＿＿	＿＿＿＿	买	＿＿＿＿	＿＿＿＿
多少	＿＿＿＿	＿＿＿＿	富士山	＿＿＿＿	＿＿＿＿
这	＿＿＿＿	＿＿＿＿	米	＿＿＿＿	＿＿＿＿
宿舍	＿＿＿＿	＿＿＿＿	房间	＿＿＿＿	＿＿＿＿
电话	＿＿＿＿	＿＿＿＿	那	＿＿＿＿	＿＿＿＿
电子	＿＿＿＿	＿＿＿＿	哪	＿＿＿＿	＿＿＿＿
词典	＿＿＿＿	＿＿＿＿	橡皮	xiàngpí	＿＿＿＿
自行车	＿＿＿＿	＿＿＿＿	话	huà	＿＿＿＿
汽车	＿＿＿＿	＿＿＿＿			

ポイント

1. 動詞 "有"(1)：「～を持っている」 ◀)) U04-2-1

所有を表す。否定は "没有"。

1) 我有电子词典。　　　　　　　Wǒ yǒu diànzǐ cídiǎn.
2) 他没有自行车。　　　　　　　Tā méi yǒu zìxíngchē.
3) 你有汽车吗？　　　　　　　　Nǐ yǒu qìchē ma?
4) 她有没有电脑？　　　　　　　Tā yǒu mei yǒu diànnǎo?

2. 構造助詞 "的"：「～の」 ◀)) U04-2-2

名詞＋ "的"。連体修飾語を作る。

1) 你看我的课本。　　　　　　　Nǐ kàn wǒ de kèběn.
2) 你的照相机呢？　　　　　　　Nǐ de zhàoxiàngjī ne?
3) 我听他们的意见。　　　　　　Wǒ tīng tāmen de yìjiàn.
4) 这是谁的雨伞？　　　　　　　Zhè shì shéi de yǔsǎn?

3. 疑問詞 "多少"：「いくつ、どれだけ」 ◀)) U04-2-3

数量（範囲を想定しない）を尋ねる時に用いる。また、電話番号などを尋ねる時にも用いる。（ユニット5 ポイント2を参照）

1) 你买多少？　　　　　　　　　Nǐ mǎi duōshao?
2) 富士山是多少米？　　　　　　Fùshì Shān shì duōshao mǐ?
3) 你的房间号码是多少？　　　　Nǐ de fángjiān hàomǎ shì duōshao?

4. 指示代詞(1) "这、那、哪"：「これ、それ、あれ、どれ」 ◀)) U04-2-4

"是" の主語となる場合は "这""那" は単独で用いることができる。

近 称	遠 称		疑 問
这 zhè	那 nà		哪 nǎ
これ	それ	あれ	どれ

-------------------------------- 練習問題 --------------------------------

(1) 私はまだパソコンを持っていません。（电脑 有 我 没 还）
(2) 彼の電話番号は何番ですか。（是 电话号码 他 多少 的）
(3) あなたは消しゴムを持っていますか。（有 吗 你 橡皮）
(4) 張さんの部屋番号は518です。（的 五一八 小张 是 房间号码）
(5) 彼女は私の話を聞きません。（听 不 的 她 话 我）

ユニット5　你买几个面包?

◀)) U05-1-1

fúwùyuán　Nǐ yào shénme?
服务员：你 要　什么?

Wǒ mǎi miànbāo.
菊地：我 买　面包。

Nǐ mǎi jǐ ge? Yào bu yào yǐnliào?
服务员：你 买 几 个? 要 不 要　饮料?

Wǒ mǎi sì ge miànbāo. Zài mǎi zhè píng kělè hé nà bēi kāfēi.
菊地：我 买 四个　面包。 再 买 这 瓶 可乐和那 杯 咖啡。

◀)) U05-1-2

	ピンイン	意味		ピンイン	意味
服务员	_____	_____	辆	_____	_____
要	_____	[動]	啤酒	_____	_____
面包	_____	_____	支	_____	_____
几	_____	_____	铅笔	_____	_____
个	_____	_____	把	_____	_____
饮料	_____	_____	椅子	_____	_____
再	_____	_____	件	_____	_____
瓶	_____	_____	衣服	_____	_____
可乐	_____	_____	台	_____	_____
和	_____	_____	第	_____	_____
杯	_____	_____	节	_____	_____
两	_____	_____	课	_____	_____
本	_____	_____	号	_____	_____
书	_____	_____	天	_____	_____
张	_____	_____	包子	_____	_____
桌子	_____	_____	唱	_____	_____
条	_____	_____	请	_____	_____
裤子	_____	_____	纸	_____	_____

ポイント

1. 量詞 🔊U05-2-1

数＋量詞＋名詞。"的"は用いない。

一 个 人	yí ge rén	六 瓶 啤酒	liù píng píjiǔ
两 本 书	liǎng běn shū	七 支 铅笔	qī zhī qiānbǐ
三 张 桌子	sān zhāng zhuōzi	八 把 椅子	bā bǎ yǐzi
四 条 裤子	sì tiáo kùzi	九 件 衣服	jiǔ jiàn yīfu
五 辆 汽车	wǔ liàng qìchē	十 台 电脑	shí tái diànnǎo

cf. "二"は順番（序数）、"两"は数量（基数）を表す際に用いる。

1) 第二节课／两节课　　　　　dì èr jié kè／liǎng jié kè
2) 二号／第二天／两天　　　　èr hào／dì èr tiān／liǎng tiān

2. 疑問詞 "几"：「いくつ」 🔊U05-2-2

10 以下の数量、あるいは順番を尋ねる場合に用いる。量詞を伴う。（"多少"の場合は量詞が省略できる。ユニット 4 ポイント 3 参照）

1) 他买几个包子？　　　　　　Tā mǎi jǐ ge bāozi?
2) 你有几条裤子？　　　　　　Nǐ yǒu jǐ tiáo kùzi?
3) 我们学第几课？　　　　　　Wǒmen xué dì jǐ kè?

3. 副詞 "再"：「また、さらに、もう」 🔊U05-2-3

"再"はまだ起きていないことについて用い、繰り返しを表す。

1) 你再唱一个。　　　　　　　Nǐ zài chàng yí ge.
2) 请再喝一杯茶。　　　　　　Qǐng zài hē yì bēi chá.

4 指示代詞と数量表現：指示代詞＋数詞＋量詞＋名詞 🔊U5-2-4

1) 这(一)张纸是谁的？　　　　Zhè (yì) zhāng zhǐ shì shéi de?
2) 我买那两本书。　　　　　　Wǒ mǎi nà liǎng běn shū.

-------------------------------------練習問題-------------------------------------

(1) あなたは鉛筆を何本持っていますか。（有 你 铅笔 支 几）

(2) 彼はコーラを二杯飲みます。（杯 他 可乐 喝 两）

(3) どの辞書があなたのですか。（哪 的 你 本 词典 是）

(4) 私はもう一台日本のカメラを買います。（台 日本 买 我 照相机 一 的 再）

(5) 彼女はテーブルを一台と椅子を四脚買う。（张 桌子 买 把 她 一 和 四 椅子）

ユニット6　给你1020块

🔊U06-1-1

　　　　Yígòng duōshao qián?
菊地：　一共　多少　钱？

　　　　Miànbāo wǔbǎi yīshiwǔ kuài qián,
服务员：面包　五百　一十五　块　钱，

　　　　yǐnliào èrbǎi líng wǔ kuài, yígòng qībǎi èrshí.
　　　　饮料　二百　零　五　块，　一共　七百　二十。

　　　　Gěi nǐ yìqiān líng èrshí kuài.
菊地：给 你 一千　零　二十　块。

　　　　Zhǎo nǐ sānbǎi kuài.
服务员：找　你　三百　块。

🔊U06-1-2

	ピンイン	意味		ピンイン	意味
一共	_____	[副] _____	今天	_____	_____
钱	_____	_____	月	_____	_____
零	_____	_____	送	_____	_____
块	_____	_____	礼物	_____	_____
给	_____	[動] _____	孙	_____	_____
千	_____	_____	教	_____	_____
找	_____	_____	告诉	_____	_____
元	_____	_____	地址	_____	_____
角	_____	_____	好	_____	_____
毛	_____	_____	问	_____	_____
分	_____	_____	事	_____	_____
乌龙茶	_____	_____	数码	shùmǎ	_____
小说	_____	_____	相机	xiàngjī	_____
岁	_____	_____			

ポイント

1. 金額の表現 🔊 U06-2-1

1元 yuán（块 kuài）=10角 jiǎo（毛 máo）=100分 fēn

1.73元	書き言葉	一元　七角　三分（钱 qián）
	話し言葉	一块　七毛　三分（钱 qián）

1) 一共（要）多少钱? 　　　　　Yígòng (yào) duōshao qián?

2) 乌龙茶五百块钱。 　　　　　Wūlóngchá wǔbǎi kuài qián.

3) 我一共有四千块钱。 　　　　Wǒ yígòng yǒu sìqiān kuài qián.

2. 名詞述語文 🔊 U06-2-2

名詞が述語となる文。金額、年齢、日時など。否定の場合は"不是"となる。

1) 这本小说二百块钱。 　　　　Zhè běn xiǎoshuō èrbǎi kuài qián.

2) 我十九岁, 不是二十岁。 　　Wǒ shíjiǔ suì, bú shì èrshí suì.

3) 今天几月几号? 　　　　　　Jīntiān jǐ yuè jǐ hào?

3. 二重目的語文：「〜に〜を…する」 🔊 U06-2-3

「動詞＋人＋物・事など」の順をとる。動詞は主に授与に関わるものに限られる。

1) 我给你两本词典。 　　　　　Wǒ gěi nǐ liǎng běn cídiǎn.

2) 她不送你礼物。 　　　　　　Tā bú sòng nǐ lǐwù.

3) 孙老师教我们什么? 　　　　Sūn lǎoshī jiāo wǒmen shénme?

4) 请告诉我你的地址。 　　　　Qǐng gàosu wǒ nǐ de dìzhǐ.

5) 我问你一件事, 好吗? 　　　Wǒ wèn nǐ yí jiàn shì, hǎo ma?

-------------------------------------- 練習問題 --------------------------------------

(1) 25.3元のお釣りです。（你　二十五　三　钱　找　块　毛）

(2) 彼らはあわせて2010元持っています。（零　他们　一十　有　两千　块　一共）

(3) あなたは彼にパンを幾つあげますか。（给　面包　你　几　个　他）

(4) 私はあなたに電話番号を教えない。（电话号码　我　不　你　告诉）

(5) 孫さんはあわせて何台のデジタルカメラを持っていますか。

　　（台　小孙　几　有　数码相机　一共）

ユニット 7　我给我同学买两个

🔊 U07-1-1

　　　　　　Nǐ yí ge rén chī ma?
服务员：你 一 个 人　吃　吗？

　　　　　　Wǒ gēn wǒ tóngxué chī, wǒ gěi tā mǎi liǎng ge.
菊地：我　跟　我　同学　吃，我 给 她 买　两　个。

　　　　　　Shì nǐ nǚ péngyou ma?
服务员：是 你 女　朋友　　吗？

　　　　　　Bú shì,　tā shì wǒ tóngxué.
菊地：不 是，她 是 我　同学。

🔊 U07-1-2

	ピンイン	意味		ピンイン	意味
跟		[前]	写		
同学			信		
给		[前]	打		
女			回		
朋友			家		
一起			台湾		
食堂			公司		
男			职员		
照片			大学		
弟弟			画	huà	
姐姐			画儿	huàr	
做			汉堡包	hànbǎobāo	
饭			学校	xuéxiào	

44

ポイント

1. 前置詞 "跟～(一起)…"：「～と（一緒に）…する」 ◀)) U07-2-1

"跟" ＋人など＋動詞。動作を共に行う者を導く。否定は "不跟" になる。

1) 你跟谁一起学习汉语？　　　　　Nǐ gēn shéi yìqǐ xuéxí Hànyǔ?

2) 他不跟我去食堂。　　　　　　　Tā bù gēn wǒ qù shítáng.

2. 前置詞 "给"：「～に（…してあげる、してくれる）」「～に（…する）」 ◀)) U07-2-2

"给" ＋人など＋動詞。動作の受益者、情報の受け手を導く。否定は "不给"。

1) 她给我看她男朋友的照片。　　　Tā gěi wǒ kàn tā nán péngyou de zhàopiàn.

2) 我不给弟弟买可乐。　　　　　　Wǒ bù gěi dìdi mǎi kělè.

3) 你姐姐给你做饭吗？　　　　　　Nǐ jiějie gěi nǐ zuò fàn ma?

4) 我给我朋友写信。　　　　　　　Wǒ gěi wǒ péngyou xiě xìn.

5) 她不给我打电话。　　　　　　　Tā bù gěi wǒ dǎ diànhuà.

3. 連用修飾語 "一个人"：「一人で（…する）」 ◀)) U07-2-3

"一个人" ＋動詞。

1) 他一个人回家。　　　　　　　　Tā yí ge rén huí jiā.

2) 你们几个人去台湾？　　　　　　Nǐmen jǐ ge rén qù Táiwān?

4. 省略可能な "的" ◀)) U07-2-4

「人称代詞」＋「親族・組織・団体」など、または「国・地域」＋「名詞」では一般的に "的" は省略される。

1) 我爸爸是公司职员。　　　　　　Wǒ bàba shì gōngsī zhíyuán.

2) 这不是他们大学。　　　　　　　Zhè bú shì tāmen dàxué.

3) 你们老师是不是日本人？　　　　Nǐmen lǎoshī shì bu shì Rìběnrén?

4) 我有两个中国朋友。　　　　　　Wǒ yǒu liǎng ge Zhōngguó péngyou.

------------------------------練習問題------------------------------

(1) 彼は私に絵を描いてくれる。(给 他 画儿 画 我)

(2) 私は一人で四つハンバーガーを食べる。(吃 我 四 一个人 汉堡包 个)

(3) 中国人の先生が私たちに中国語を教えてくださいます。

　　(汉语 中国 我们 老师 教)

(4) あなたには何人の日本人の友達がいますか。(个 你 日本 有 朋友 几)

(5) あなたは誰と学校に行きますか。(跟 你 谁 学校 去)

ユニット8 热狗很好吃

🔊 U08-1-1

李：
Zhè shì shénme?
这 是 什么？

菊地：
Zhè shì règǒu.
这 是 热狗。

李：
Règǒu wèidao zěnmeyàng? Hǎochī bu hǎochī ne?
热狗 味道 怎么样？ 好吃 不 好吃 呢？

菊地：
Hěn hǎochī. Wǒ hěn xǐhuan chī.
很 好吃。我 很 喜欢 吃。

🔊 U08-1-2

	ピンイン	意味		ピンイン	意味
热狗	_____	_____	北京	_____	_____
味道	_____	_____	烤鸭	_____	_____
怎么样	_____	_____	热	_____	_____
好吃	_____	_____	多	_____	_____
呢	_____	_____	肚子	_____	_____
很	_____	_____	饿	_____	_____
喜欢	_____	_____	想法	_____	_____
羊肉	_____	_____	新	_____	_____
贵	_____	_____	中文	_____	_____
猪肉	_____	_____	成绩	_____	_____
便宜	_____	_____	个子	gèzi	_____
牛肉	_____	_____	高	gāo	_____
鸡肉	_____	_____	眼镜	yǎnjìng	_____
便利店	_____	_____	好看	hǎokàn	_____
比较	_____	_____	昨天	zuótiān	_____
好喝	_____	_____			

ポイント

1. 形容詞述語文 ◀))U08-2-1

　形容詞が述語となる文。"是"を必要としない。肯定文の場合、程度副詞を伴わないと比較・対比のニュアンスが生じ、文が完結しない。また、"很"を用いた場合、強く読まなければ「とても」の意味は持たない。

1) 羊肉贵，猪肉便宜。　　　　　　　　Yángròu guì, zhūròu piányi.

2) 牛肉很贵。　　　　　　　　　　　　Niúròu hěn guì.

3) 鸡肉不贵。　　　　　　　　　　　　Jīròu bú guì.

4) 便利店的咖啡比较好喝。　　　　　　Biànlìdiàn de kāfēi bǐjiào hǎohē.

5) 北京烤鸭好吃吗？　　　　　　　　　Běijīng kǎoyā hǎochī ma?

6) 你的茶热不热？　　　　　　　　　　Nǐ de chá rè bu rè?

2. 主述述語文：「〜は〜が…だ」 ◀))U08-2-2

1) 他们作业比较多。　　　　　　　　　Tāmen zuòyè bǐjiào duō.

2) 我肚子不饿。　　　　　　　　　　　Wǒ dùzi bú è.

3. 疑問詞"怎么样"：「どうですか」 ◀))U08-2-3

　主に文末に用い物事の程度、状態を尋ねたり、提案を行う。

1) 我的想法怎么样？　　　　　　　　　Wǒ de xiǎngfǎ zěnmeyàng?

2) 我们一起去，怎么样？　　　　　　　Wǒmen yìqǐ qù, zěnmeyàng?

4. 語気助詞"呢" (2) ◀))U08-2-4

　疑問詞疑問文や反復疑問文などの文末に用い、不思議に思ったり、返答を促す語気を表す。

1) 你喜欢喝什么饮料呢？　　　　　　　Nǐ xǐhuan hē shénme yǐnliào ne?

2) 哪台电脑比较新呢？　　　　　　　　Nǎ tái diànnǎo bǐjiào xīn ne?

3) 她是不是中国人呢？　　　　　　　　Tā shì bu shì Zhōngguórén ne?

4) 你的中文成绩好不好呢？　　　　　　Nǐ de Zhōngwén chéngjì hǎo bu hǎo ne?

--練習問題------------------------------------

(1) 彼は背が高い。（个子　他　高　很）

(2) あなたの眼鏡はすてきだ。（眼镜　很　你　好看　的）

(3) 彼らの会社はどうですか。（怎么样　公司　他们）

(4) 彼女はどんな新聞を読んでいますか。（什么　呢　她　报纸　看）

(5) 昨日は暑かったが、今日は暑くない。（热　昨天　今天　热　不）

ユニット 9　我们去公园吃吧！

◀)) U09-1-1

Zánmen qù shítáng chī ma?
李：　咱们　去　食堂　吃　吗？

Lí zhèr bù yuǎn de dìfang yǒu yí ge gōngyuán.
菊地：离　这儿　不　远　的　地方　有　一个　公园。

Nà zánmen qù gōngyuán chī ba!
李：　那　咱们　去　公园　吃　吧！

Zánmen zěnme qù? Qí zìxíngchē qù, zěnmeyàng?
菊地：咱们　怎么　去？骑　自行车　去，　怎么样？

◀)) U09-1-2

	ピンイン	意味		ピンイン	意味
离	____	____	机场	____	____
这儿/这里	____	____	接	____	____
远	____	____	近	____	____
地方	____	____	座位	____	____
有	____	____	黑板	____	____
那	____	____	漂亮	____	____
吧	____	____	那个	____	____
怎么	____	____	说	____	____
骑	____	____	字	____	____
邮局	____	____	家	____	[量]
寄	____	____	超市	____	____
来	____	____	那儿/那里	____	____
午饭	____	____	哪儿/哪里	____	____
坐	____	____	玩儿	wánr	____
地铁	____	____	车站	chēzhàn	____
东西	____	____	大	dà	____
开车	____	____	背包	bēibāo	____

ポイント

1. 連動文 🔊U09-2-1

"去 / 来"（動詞 1）（＋場所）＋動詞（句）2。「行って / 来て…する」。動作が行われる順（時系列）に並べる。否定副詞は動詞 1 の前に置く。

1) 我去邮局寄信。　　　　　　　Wǒ qù yóujú jì xìn.
2) 她来日本学习日语。　　　　　Tā lái Rìběn xuéxí Rìyǔ.
3) 我不去食堂吃午饭。　　　　　Wǒ bú qù shítáng chī wǔfàn.

動詞（句）1＋動詞（句）2。動詞（句）1 の方法・手段で動詞（句）2 をする。

4) 我打电话告诉她。　　　　　　Wǒ dǎ diànhuà gàosu tā.
5) 咱们坐地铁去买东西吧。　　　Zánmen zuò dìtiě qù mǎi dōngxi ba.
6) 他开车去机场接人。　　　　　Tā kāichē qù jīchǎng jiē rén.

2. 前置詞 "离"：「〜から」 🔊U09-2-2

距離・間隔を表す。否定は "不离" とはならないので注意。

1) 学校离你家近吗？　　　　　　Xuéxiào lí nǐ jiā jìn ma?
2) 我的座位离黑板不远。　　　　Wǒ de zuòwèi lí hēibǎn bù yuǎn.

3. 形容詞句 / 動詞(句)＋"的"＋名詞 🔊U09-2-3

1) 我要一台比较新的手机。　　　Wǒ yào yì tái bǐjiào xīn de shǒujī.
2) 她有一件很漂亮的衣服。　　　Tā yǒu yí jiàn hěn piàoliang de yīfu.
3) 那个说汉语的人是我爸爸。　　Nà ge shuō Hànyǔ de rén shì wǒ bàba.
4) 这是谁写的字？　　　　　　　Zhè shì shéi xiě de zì?

4. 動詞 "有" (2)：「〜がいる、〜がある」 🔊U09-2-4

「場所＋"有"＋（不特定の）人・物」の形で存在を表す。否定は "没有"。

1) 这儿有一家超市。　　　　　　Zhèr yǒu yì jiā chāoshì.
2) 那儿没有邮局。　　　　　　　Nàr méi yǒu yóujú.
3) 我家今天没有人。　　　　　　Wǒ jiā jīntiān méi yǒu rén.

------------------------------------練習問題------------------------------------

(1) 私たちどこに行って宿題をしましょうか。（我们 哪儿 去 作业 做）

(2) あなたたちは公園に行って何をして遊びますか。（去 你们 公园 什么 玩儿）

(3) ここは駅から近くありません。（车站 这儿 不 离 近）

(4) これは彼が買ったお昼ごはんです。（是 这 他 买 午饭 的）

(5) 私は一つ大きなリュックサックを持っています。（一个 我 背包 很大 有 的）

49

ユニット 10　公园在哪儿?

◀》U10-1-1

　　　　Gōngyuán zài nǎr?
李：　　公园　　在 哪儿?

　　　　Zài wǒ jiā pángbiān.
菊地：　在 我 家　旁边。

　　　　Nàge gōngyuán dà bu dà?
李：　　那个　　公园　　大 不 大?

　　　　Fēicháng dà.　Érqiě tǐng piàoliang de.
菊地：　非常　　大。而且 挺　　漂亮　　的。

◀》U10-1-2

	ピンイン	意味		ピンイン	意味
在	_____	[動]_____	东	_____	_____
旁边	_____	_____	西	_____	_____
非常	_____	_____	南	_____	_____
而且	_____	_____	北	_____	_____
挺～的	_____	_____	～边	_____	_____
公用电话	_____	_____	～面	_____	_____
检票口	_____	_____	图+上	_____	_____
对面	_____	_____	图+里	_____	_____
上	_____	_____	铅笔盒	_____	_____
下	_____	_____	厕所	_____	_____
前	_____	_____	教室	_____	_____
后	_____	_____	这个	_____	_____
里	_____	_____	哪个	_____	_____
外	_____	_____	书店	shūdiàn	_____
左	_____	_____	体育馆	tǐyùguǎn	_____
右	_____	_____			

50

ポイント

1. 動詞 "在"：「〜にある、〜にいる」 ◀)) U10-2-1

「(特定の) 人・物＋ "在" ＋場所」で所在を表す。

1) 你的课本在哪儿？　　　　　　　　Nǐ de kèběn zài nǎr?

2) 公用电话在检票口对面。　　　　　Gōngyòng diànhuà zài jiǎnpiàokǒu duìmiàn.

3) 我爸爸不在日本，他在中国。　　　Wǒ bàba bú zài Rìběn, tā zài Zhōngguó.

2. 方位詞 ◀)) U10-2-2

「上、下、左、右」などの方位を表す言葉には普通 "边 bian" / "面 mian" を添える。ものを表す名詞を「場所」として扱う場合、表面は "上 shang"、空間は "里 li" を添える。名詞が方位詞を修飾する時は "教室右边" のように "的" を省略することが多く、方位詞が名詞を修飾する時は "右边的教室" のように "的" を省略しない。

shàngbian 上边	qiánbian 前边	lǐbian 里边	zuǒbian 左边	dōngbian 东边	nánbian 南边	pángbiān 旁边
xiàbian 下边	hòubian 后边	wàibian 外边	yòubian 右边	xībian 西边	běibian 北边	duìmiàn 对面

1) 今天的作业在桌子上。　　　　　　Jīntiān de zuòyè zài zhuōzi shang.

2) 我的橡皮在铅笔盒里。　　　　　　Wǒ de xiàngpí zài qiānbǐhé li.

3) 厕所在教室右边。　　　　　　　　Cèsuǒ zài jiàoshì yòubian.

4) 右边的教室比较大。　　　　　　　Yòubian de jiàoshì bǐjiào dà.

3. 指示代詞(2) "这个 / 那个 / 哪个" ◀)) U10-2-3

修飾語だけでなく主語・目的語としても用いる。

近 称	遠 称		疑 問
这个 zhège	那个 nàge		哪个 nǎge
この・これ	その・それ	あの・あれ	どの・どれ

1) 这个很好。　　　　　　　　　　　Zhège hěn hǎo.

2) 我吃这个，他吃那个，你吃哪个？　Wǒ chī zhège, tā chī nàge, nǐ chī nǎge?

3) 那个手机是谁的？　　　　　　　　Nàge shǒujī shì shéi de?

-------------------------------- 練習問題 --------------------------------

(1) あなたの家はどこにありますか。(你 家 哪儿 在)

(2) その本屋は体育館の向かいにあります。(那家书店 体育馆 对面 在)

(3) 机の上に何がありますか。(桌子 什么 有 上)

(4) 私はこれを食べるのが好きではない。(我 吃 这 个 喜欢 不)

ユニット 11　你属什么?

◀)) U11-1-1

Nǐ shǔ shénme?
李:　你 属　什么？

Wǒ shǔ zhū. Nǐ ne?
菊地:　我 属　猪。你 呢？

Wǒ shǔ jī. Wǒ bǐ nǐ dà liǎng suì.
李:　我 属 鸡。我 比 你 大 两　岁。

Nà, nǐ gēn wǒ gēge yíyàng dà.
菊地:　那，你 跟 我 哥哥 一样 大。

◀)) U11-1-2

	ピンイン	意味		ピンイン	意味
属	_____	_____	羊	_____	_____
猪	_____	_____	猴	_____	_____
鸡	_____	_____	狗	_____	_____
比	_____	_____	小	_____	_____
大	_____	(年齢が)大きい	一点儿	_____	_____
哥哥	_____	_____	圏+多了	_____	_____
一样	_____	_____	这么	_____	_____
鼠	_____	_____	那么	_____	_____
牛	_____	_____	外面	wàimian	_____
虎	_____	_____	凉快	liángkuai	_____
兔	_____	_____	书包	shūbāo	_____
龙	_____	_____	重	zhòng	_____
蛇	_____	_____	手表	shǒubiǎo	_____
马	_____	_____			

ポイント

1. 干支 🔊U11-2-1

子	丑	寅	卯	辰	巳	午	未	申	酉	戌	亥
shǔ	niú	hǔ	tù	lóng	shé	mǎ	yáng	hóu	jī	gǒu	zhū
鼠	牛	虎	兔	龙	蛇	马	羊	猴	鸡	狗	猪

1) 你属什么？　　　　　　　　　Nǐ shǔ shénme?

2) 我属虎。　　　　　　　　　　Wǒ shǔ hǔ.

2. 比較文 🔊U11-2-2

　　A＋"比"＋B＋形容詞（＋比較の差）：「A は B より（どの位）…だ」

1) 他比我小。　　　　　　　　　Tā bǐ wǒ xiǎo.

2) 他比我小两岁。　　　　　　　Tā bǐ wǒ xiǎo liǎng suì.

3) 他比我小一点儿。　　　　　　Tā bǐ wǒ xiǎo yìdiǎnr.

4) 今天比昨天热多了。　　　　　Jīntiān bǐ zuótiān rè duō le.

　　A＋"没有"＋B（＋"这么 / 那么"）＋形容詞：「A は B ほど…でない」

5) 今天没有昨天热。　　　　　　Jīntiān méi yǒu zuótiān rè.

6) 你的手机没有我的这么新。　　Nǐ de shǒujī méi yǒu wǒ de zhème xīn.

　　A＋"跟"＋B＋"一样"（＋形容詞）：「A は B と同じ（ように…）だ」

7) 我的手机跟你的一样。　　　　Wǒ de shǒujī gēn nǐ de yíyàng.

8) 我的课本跟他的不一样。　　　Wǒ de kèběn gēn tā de bù yíyàng.

9) 你跟我一样高。　　　　　　　Nǐ gēn wǒ yíyàng gāo.

------------------------------練習問題------------------------------

(1) 私の兄は戌（いぬ）年、私の弟は丑（うし）年です。

　　（我弟弟　我哥哥　狗　牛　属　属）

(2) お姉さんはあなたより何歳年上ですか。（你姐姐　你　比　几　岁　大）

(3) 教室の中は外よりずっと涼しいです。（教室　外面　里　比　多了　凉快）

(4) あなたの鞄は私のと同じくらい重い。（我的　你的　书包　一样　重　跟）

(5) 私の腕時計はあなたのほど高価ではありません。（我的　你的　手表　贵　没有）

ユニット 12　现在几点了?

🔊 U12-1-1

　　　　Xiànzài jǐ diǎn le?
李：　现在　几　点　了？

　　　　Xiànzài shí'èr diǎn sìshiwǔ fēn le.
菊地：　现在　十二　点　四十五　分　了。

　　　　Nǐ xiàwǔ hái yǒu kè ma?
李：　你　下午　还　有　课　吗？

　　　　Wǒ xiàwǔ hái yǒu yì jié Hànyǔ kè.
菊地：　我　下午　还　有　一节　汉语　课。

🔊 U12-1-2

	ピンイン	意味		ピンイン	意味
现在	_____	_____	中午	_____	_____
点	_____	_____	每天	_____	_____
了	_____	_____	晚上	_____	_____
分	_____	_____	睡觉	_____	_____
下午	_____	_____	下个月	_____	_____
妹妹	_____	_____	妈妈	_____	_____
大学生	_____	_____	旅游	_____	_____
天气	_____	_____	早上	_____	_____
冷	_____	_____	上午	_____	_____
叶子	_____	_____	留学	liúxué	_____
红	_____	_____	集合	jíhé	_____
抽烟	_____	_____	以前	yǐqián	_____
感冒	_____	_____	胖	pàng	_____
打工	_____	_____			

54

ポイント

1. 文末の"了" 🔊 U12-2-1

変化を表す。"不〜了"で「…するのをやめる、…ではなくなる」。

1) 现在两点了。　　　　　　　　Xiànzài liǎng diǎn le.

2) 你妹妹也是大学生了吗?　　　Nǐ mèimei yě shì dàxuéshēng le ma?

3) 天气冷了，叶子红了。　　　　Tiānqì lěng le, yèzi hóng le.

4) 我爸爸不抽烟了。　　　　　　Wǒ bàba bù chōuyān le.

5) 我感冒了，不去打工了。　　　Wǒ gǎnmào le, bú qù dǎgōng le.

2. 時点 🔊 U12-2-2

年、月、曜日、週、時間などの時点を表す語は動詞より前（主語の前後）に置く。
（セクション6-2を参照）

1) 我们中午去哪儿吃饭?　　　　Wǒmen zhōngwǔ qù nǎr chīfàn?

2) 我每天晚上九点睡觉。　　　　Wǒ měitiān wǎnshang jiǔ diǎn shuìjiào.

3) 下个月我妈妈去韩国旅游。　　Xià ge yuè wǒ māma qù Hánguó lǚyóu.

zǎoshang	shàngwǔ	zhōngwǔ	xiàwǔ	wǎnshang
早上	上午	中午	下午	晚上

-------------------------------- 練習問題 --------------------------------

(1) 今三時九分になりました。（现在 三 九 分 零 点 了）

(2) 私たち二時四十五分に集合しましょう。（我们 集合 吧 三 刻 两 点）

(3) 来年五月に中国に留学に行きます。（中国 留学 五月 明年 去）

(4) あなたは今日いくつ授業がありますか。（几 你 节 有 课 今天）

(5) 彼は以前より太った。（胖 了 他 以前 比）

ユニット 13　我还没去过富士山

🔊U13-1-1

Nǐ qùguo Fùshì Shān ma?

菊地：你　去过　富士　山　吗？

Wǒ hái méi qùguo. Wǒ hěn xiǎng qù.

李：我　还　没　去过。我　很　想　去。

Wǒ yǐqián qùguo. Xià cì wǒ dài nǐ qù ba.

菊地：我　以前　去过。下　次　我　带　你　去　吧。

Zhēn de? Pá Fùshì Shān tài hǎo le! Nà yào zuò shénme zhǔnbèi?

李：真　的？爬　富士　山　太　好　了！那　要　做　什么　准备？

Nǐ búyòng zhǔnbèi, wǒ gěi nǐ zhǔnbèi.

菊地：你　不用　准备，我　给　你　准备。

🔊U13-1-2

	ピンイン	意味		ピンイン	意味
过	_____	_____	游泳	_____	_____
想	_____	[助動]	住院	_____	_____
下次	_____	_____	不要	_____	_____
带	_____	_____	客气	_____	_____
太(〜了)	_____	_____	爬山	_____	_____
爬	_____	_____	有意思	_____	_____
要	_____	[助動]	习惯	_____	_____
准备	_____	_____	对	_____	[前]
不用	_____	_____	身体	_____	_____
见	_____	_____	银行	_____	_____
踢	_____	_____	换钱	_____	_____
足球	_____	_____	打	dǎ	_____
酒	_____	_____	乒乓球	pīngpāngqiú	_____
当	_____	_____			

ポイント

1. 動態助詞"过":「…したことがある」 ◀))U13-2-1

　　動詞＋"过"。過去の経験を表す。否定は「"没(有)"＋動詞＋"过"」。

1) 我以前见过他。　　　　　　　Wǒ yǐqián jiànguo tā.
2) 我没踢过足球。　　　　　　　Wǒ méi tīguo zúqiú.
3) 你喝过中国酒吗?　　　　　　Nǐ hēguo Zhōngguó jiǔ ma?
4) 你看过这本书没有?　　　　　Nǐ kànguo zhè běn shū méiyou?

2. 助動詞"想""要"(1):「…したい」 ◀))U13-2-2

　　"想"/"要"＋動詞。希望や願望を表す。否定はともに"不想"。"不要"の場合は禁止の意味を表す。

1) 我想当医生。　　　　　　　　Wǒ xiǎng dāng yīshēng.
2) 我要学游泳。　　　　　　　　Wǒ yào xué yóuyǒng.
3) 我不想住院。　　　　　　　　Wǒ bù xiǎng zhùyuàn.
4) 你们不要客气。　　　　　　　Nǐmen búyào kèqi.

3. 動詞句が主語になる文 ◀))U13-2-3

1) 爬山很有意思。　　　　　　　Páshān hěn yǒu yìsi.
2) 每天学习是好习惯。　　　　　Měitiān xuéxí shì hǎo xíguàn.
3) 喝茶对身体很好。　　　　　　Hē chá duì shēntǐ hěn hǎo.

4. 助動詞"要"(2):「…しなければならない」 ◀))U13-2-4

　　動作を行う必要性があることを表す。否定は"不用"「しなくてよい」。

1) 我要去银行换钱。　　　　　　Wǒ yào qù yínháng huàn qián.
2) 十二点了，我要睡觉了。　　　Shí'èr diǎn le, wǒ yào shuìjiào le.
3) 今天没有课，不用去学校。　　Jīntiān méi yǒu kè, búyòng qù xuéxiào.

------------------------------練習問題------------------------------

(1) （私は）君に聞きたいことがあるんだけど。（我 你 问 一件 事 想）
(2) 私は彼の家に行ったことがある。（我 他 家 去 过）
(3) 君の作る料理はとてもおいしいね。（你 做 菜 太 好吃 的 了）
(4) 私の弟は卓球をしたことがない。（没 过 乒乓球 弟弟 我 打）
(5) 私は今年運転免許を取らなければ（運転を学ばなければ）いけない。
　　（学 要 我 今年 开车）

ユニット 14　你会开车啊

🔊 U14-1-1

Cóng zhèr dào Fùshì Shān yào duō cháng shíjiān?

李：　从　这儿　到　富士　山　要　多　长　时间？

Wǒmen zuò diànchē qù háishi kāichē qù?

菊地：　我们　坐　电车　去　还是　开车　去？

Nǐ huì kāichē a!

李：　你　会　开车　啊！

Wǒ huì kāichē, wǒ hái huì qí mótuōchē ne.

菊地：　我　会　开车，我　还　会　骑　摩托车　呢。

🔊 U14-1-2

	ピンイン	意味		ピンイン	意味
从	____	____	星期一	____	____
到	____	____	星期六	____	____
多长	____	____	多+形	____	____
时间	____	____	法国	____	____
电车	____	____	德国	____	____
还是	____	____	红茶	____	____
会	____	____	滑雪	____	____
啊	____	____	陈	____	____
还	____	____	先生	____	____
摩托车	____	____	东京	Dōngjīng	____
呢	____	____	大阪	Dàbǎn	____
明天	____	____	先	xiān	____
门口	____	____	弹	tán	____
出发	____	____	钢琴	gāngqín	____
走	____	____			

58

ポイント

1. 前置詞 "从 A" と "到 B"：「A から」と「B まで」 ◀))U14-2-1

起点と到達点を表す。（距離・間隔を表す "离" との違いに注意。ユニット 9 ポイント 2 参照）

1) 明天从我家门口出发吧。　　　　　Míngtiān cóng wǒ jiā ménkǒu chūfā ba.
2) 你到哪儿去？　　　　　　　　　　Nǐ dào nǎr qù?
3) 从你家到车站怎么走？　　　　　　Cóng nǐ jiā dào chēzhàn zěnme zǒu?
4) 我从星期一到星期六都有课。　　　Wǒ cóng xīngqī yī dào xīngqī liù dōu yǒu kè.

2. "多" ＋形容詞：「どのくらい…」 ◀))U14-2-2

疑問詞疑問文をつくる。

1) 你来日本多长时间了？　　　　　　Nǐ lái Rìběn duō cháng shíjiān le?
2) 你的书包有多重？　　　　　　　　Nǐ de shūbāo yǒu duō zhòng?
3) 他个子有多高？　　　　　　　　　Tā gèzi yǒu duō gāo?

3. 選択疑問文 "（是）A 还是 B"：「A かそれとも B か」 ◀))U14-2-3

1) 她是法国人还是德国人？　　　　　Tā shì Fǎguórén háishi Déguórén?
2) 你喝咖啡还是喝红茶？　　　　　　Nǐ hē kāfēi háishi hē hóngchá?
3) 你一个人去还是跟他去？　　　　　Nǐ yí ge rén qù háishi gēn tā qù?

4. 助動詞 "会"：「…できる」 ◀))U14-2-4

言語、スポーツ、楽器等の技術、技能を習得して「できる」ことを表す。

1) 我会滑雪。　　　　　　　　　　　Wǒ huì huáxuě.
2) 你会说日语吗？　　　　　　　　　Nǐ huì shuō Rìyǔ ma?
3) 陈先生不会喝酒。　　　　　　　　Chén xiānsheng bú huì hē jiǔ.
4) 你会不会骑自行车？　　　　　　　Nǐ huì bu huì qí zìxíngchē?

-- 練習問題 --

(1) 東京から大阪までどのくらいの時間がかかりますか。

　　（东京　大阪　从　到　多长　时间　要）

(2) 君のはこれですか、それともあれですか。（你　是　的　这个　那个　还是）

(3) 私たちは先に食事をしますか、それとも映画を見ますか。

　　（我们　先　先　饭　吃　电影　看　还是）

(4) あなたはピアノを弾けますか。（你　钢琴　弹　会　吗）

(5) 私はタバコを吸えません。（我　烟　抽　会　不）

ユニット 15　买了一辆车

🔊 U15-1-1

Nǐ yǒu chē ma?
李：你 有 车 吗？

Wǒ jiā zuìjìn mǎile yí liàng chē.
菊地：我 家 最近 买了 一 辆 车。

Zánmen kāichē qù Fùshì Shān wánr ba.
李：咱们 开车 去 富士 山 玩儿 吧。

Nà, wǒ gěi wǒ bàba dǎ diànhuà wèn yíxià.
菊地：那，我 给 我 爸爸 打 电话 问 一下。

🔊 U15-1-2

	ピンイン	意味		ピンイン	意味
车	_____	_____	开门	_____	_____
最近	_____	_____	早饭	zǎofàn	_____
了	_____	_____	到	dào	_____
一下	_____	_____	就	jiù	_____
上大学	_____	_____	封	fēng	_____
以后	_____	_____	发	fā	_____
忙	_____	_____	邮件	yóujiàn	_____
没(有)+動	_____	_____	商量	shāngliang	_____
等	_____	_____	找	zhǎo	_____
故宫	_____	_____	奶奶	nǎinai	_____

60

ポイント

1. 動態助詞"了" ◀))U15-2-1

動詞＋"了"。動作が「完了・実現」の段階にあることを表す。目的語のある場合は「動詞＋"了"＋数量など＋目的語」となり、「動詞＋"了"＋目的語」では文終止できない。修飾成分のない目的語を用いて文を完結させる場合は文末に"了"を用いる（その際普通は動詞の後の"了"は省略する）。否定は「"没(有)"＋動詞」となり、「…していない、…しなかった」。（ユニット12 ポイント1を参照）

1) 我买了两个面包。　　　　　　　Wǒ mǎile liǎng ge miànbāo.

2) 上了大学以后，学习很忙。　　　Shàngle dàxué yǐhòu, xuéxí hěn máng.

3) 我没(有)吃午饭。　　　　　　　Wǒ méi(you) chī wǔfàn.

4) 我买面包了。　　　　　　　　　Wǒ mǎi miànbāo le.

5) 你吃午饭了吗？　　　　　　　　Nǐ chī wǔfàn le ma?

6) 你吃午饭了没有？　　　　　　　Nǐ chī wǔfàn le méiyou?

2. 動詞＋"一下"：「ちょっと…する」 ◀))U15-2-2

動詞の後ろに置き、命令などの語気をやわらげる。

1) 请写一下你的名字。　　　　　　Qǐng xiě yíxià nǐ de míngzi.

2) 请你等一下。　　　　　　　　　Qǐng nǐ děng yíxià.

3) 你去问一下故宫几点开门。　　　Nǐ qù wèn yíxià Gùgōng jǐ diǎn kāimén.

--練習問題--

(1) 彼は朝食をとると、すぐに学校に行く。（他 早饭 吃 学校 去 就 了）

(2) おばあちゃんはまだ家に着いていません。（奶奶 还 家 到 没）

(3) 私は王先生に手紙を一通書いた。（我 一 封 信 写 王老师 给 了）

(4) 私はまだ彼にメールを送っていません。（我 他 电子邮件 发 还 没 给）

(5) 私は彼を訪ねて、ちょっと相談してみます。（我 他 一下 商量 找）

ユニット 16　你学了几年日语了?

🔊 U16-1-1

Nǐ xuéle jǐ nián Rìyǔ le?

菊地：你 学了 几 年 日语 了？

Wǒ xuéle liǎng nián bàn le.

李：我 学了 两 年 半 了。

Guàibude nǐ shuō de zhème hǎo.

菊地：怪不得 你 说 得 这么 好。

Nǎli nǎli, shuō de hái bù hǎo. Hái yào nǔlì xuéxí.

李：哪里 哪里，说 得 还 不 好。还 要 努力 学习。

🔊 U16-1-2

	ピンイン	意味		ピンイン	意味
半	_____	_____	次	_____	_____
怪不得	_____	_____	水饺	_____	_____
動+得+補	_____	_____	早	_____	_____
哪里	_____	_____	法语	_____	_____
努力	_____	_____	流利	_____	_____
休息	_____	_____	开	_____	_____
分钟	_____	_____	麻婆豆腐	_____	_____
真	_____	_____	不太	_____	_____
开心	_____	_____	星期	xīngqī	_____
小时	_____	_____	住	zhù	_____
遍	_____	_____	空	kòng	_____
成龙	_____	_____	快	kuài	_____
歌	_____	_____	跑	pǎo	_____

62

ポイント

1. 時量補語 🔊U16-2-1

　動詞＋時間量（＋目的語）。動作が行われる時間量は動詞の後ろに置き、補語となる。目的語は一般に時量補語の後ろに置くが、目的語が代名詞の場合は時量補語の前に置く。完了済みの時、動詞の直後に動態助詞"了"を置く。さらに文末に語気助詞"了"が付くと、動作が現在まで続いていることを示す。

1) 咱们休息几分钟吧。　　　　　Zánmen xiūxi jǐ fēnzhōng ba.
2) 今天玩儿了一天，真开心。　　Jīntiān wánrle yì tiān, zhēn kāixīn.
3) 我每天做一个小时作业。　　　Wǒ měitiān zuò yí ge xiǎoshí zuòyè.
4) 我学了八个月汉语了。　　　　Wǒ xuéle bā ge yuè Hànyǔ le.

2. 動量補語 🔊U16-2-2

　動作の回数は動詞の後に置く。目的語と"了"の位置、語順は時量補語と同じ。

1) 请再说一遍。　　　　　　　　Qǐng zài shuō yí biàn.
2) 我听过一次成龙的歌。　　　　Wǒ tīngguo yí cì Chéng Lóng de gē.
3) 你吃过几次水饺？　　　　　　Nǐ chīguo jǐ cì shuǐjiǎo?
4) 我见过他两次。　　　　　　　Wǒ jiànguo tā liǎng cì.

3. 様態補語：「〜するのが…だ、〜する仕方が…だ」🔊U16-2-3

　動詞＋"得"＋形容詞。目的語を伴う時は、「動詞＋目的語＋動詞＋"得"＋形容詞」となる。否定の副詞"不"は形容詞の前に置く。

1) 他来得很早。　　　　　　　　Tā lái de hěn zǎo.
2) 你说法语说得很流利。　　　　Nǐ shuō Fǎyǔ shuō de hěn liúlì.
3) 我开车开得不好。　　　　　　Wǒ kāichē kāi de bù hǎo.
4) 你踢足球踢得怎么样？　　　　Nǐ tī zúqiú tī de zěnmeyàng?
5) 她做麻婆豆腐做得不太好。　　Tā zuò mápó dòufu zuò de bú tài hǎo.

---練習問題---

(1) 昨日の夜あなたはどのくらいテレビを見ましたか。

　　（你　昨天　晚上　时间　多长　电视　看　了）

(2) 私は一週間泊まりたいのですが、空いている部屋はありますか。

　　（我　一个星期　住　想　空　房间　没有　有）

(3) 彼は走るのがとても速い。（他　跑　快　非常　得）

(4) 私は中国の歌を歌うのが上手ではありません。（我　唱　唱　中国歌　好　得　不）

(5) 私は一度そこに行ったことがある。（我　那儿　一次　过　去）

ユニット 17　我在家看电视

🔊 U17-1-1

Wéi, shì Júdì ma? Nǐ zài nǎr?
李：　喂，是 菊地 吗？你 在 哪儿？

Wǒ zài jiā. Wǒ zài jiā kàn diànshì.
菊地：我 在 家。我 在 家 看　电视。

Wǒ zài xuéxiào ménkǒu děngzhe nǐ ne.
李：　我 在 学校　门口　　等着　你 呢。

Duìbuqǐ, nǐ zài děng yíxià, wǒ mǎshàng jiù lái!
菊地：对不起，你 再　等　一下，我　马上　就 来！

🔊 U17-1-2

	ピンイン	意味		ピンイン	意味
喂	_____	_____	开	_____	_____
在	_____	[前]	灯	_____	_____
着	_____		亮	_____	_____
呢	_____	〜している	郑	_____	_____
对不起	_____		站	_____	_____
马上	_____		说话	_____	_____
图书馆	_____		经常	_____	_____
打伞	_____		左右	_____	_____
穿	_____		拿	ná	_____
双	_____		围	wéi	_____
运动鞋	_____		躺	tǎng	_____
窗户	_____		爷爷	yéye	_____

64

ポイント

1. 前置詞"在"：「～で…する」 ◀》U17-2-1

"在"＋場所＋動詞。否定は一般に"不在"となる。

1) 我弟弟在图书馆看书。　　　　　Wǒ dìdi zài túshūguǎn kàn shū.
2) 你姐姐现在在哪儿留学？　　　　Nǐ jiějie xiànzài zài nǎr liúxué?
3) 她不在家里做作业。　　　　　　Tā bú zài jiā li zuò zuòyè.

2. 動態助詞"着"(1)：「…している」 ◀》U17-2-2

動詞＋"着"。動作・状態の持続を表す。"呢"も同じ。

1) 他打着一把伞。　　　　　　　　Tā dǎzhe yì bǎ sǎn.
2) 小王穿着一双运动鞋。　　　　　Xiǎo Wáng chuānzhe yì shuāng yùndòngxié.
3) 教室的窗户都开着。　　　　　　Jiàoshì de chuānghu dōu kāizhe.
4) 灯还亮着呢。　　　　　　　　　Dēng hái liàngzhe ne.

3. 動態助詞"着"(2) ◀》U17-2-3

動詞1＋"着"＋動詞2。動作が行われる順（時系列）に並べる。動詞1の状態・方法で動詞2をする。

1) 郑老师站着说话。　　　　　　　Zhèng lǎoshī zhànzhe shuōhuà.
2) 他经常坐着听音乐。　　　　　　Tā jīngcháng zuòzhe tīng yīnyuè.
3) 走着去要五分钟左右。　　　　　Zǒuzhe qù yào wǔ fēnzhōng zuǒyòu.
4) 他听着音乐写信。　　　　　　　Tā tīngzhe yīnyuè xiě xìn.

------------------------------- 練習問題 -------------------------------

(1) 私は学校で宿題をしません。（我 学校 在 作业 做 不）
(2) 彼女は何を持っているのですか。（东西 拿 着 她 什么）
(3) 彼は今晩家で食事をしません。（他 今天晚上 家里 饭 吃 不 在）
(4) 私はテーブルを囲んで食事をするのが好きだ。（桌子 我 围 饭 吃 喜欢 着）
(5) おじいちゃんは横になってテレビを見ている。

　　（躺 电视 我爷爷 着 看）

ユニット 18　你是怎么来的?

◀)) U18-1-1

Nǐ lái de zhēn kuài. Nǐ shì zěnme lái de?
李: 你 来 得 真　快。你 是 怎么 来 的?

Wǒ shì pǎozhe lái de.
菊地: 我 是 跑着 来 的。

Nǐ bú shì qí chē lái de ma?
李: 你 不 是 骑 车 来 的 吗?

Bú shì. Chēdēng huài le, bù néng qí le.
菊地: 不 是。 车灯　坏 了, 不 能 骑 了。

◀)) U18-1-2

	ピンイン	意味		ピンイン	意味
是〜的	_____	_____	可以	_____	_____
车灯	_____	_____	游	_____	_____
坏	_____	_____	考试	_____	_____
马	_____	_____	旗袍	_____	_____
网上	_____	_____	照相	_____	_____
认识	_____	_____	有时	yǒushí	_____
小岛	_____	_____	上野公园	Shàngyě	_____
帮助	_____	_____		Gōngyuán	
知道	_____	_____	划	huá	_____
能	_____	_____	船	chuán	_____

ポイント

1. "是～的":「…したのだ」 🔊U18-2-1

すでに行われたことについて、時間・場所・手段などに焦点を当てて説明する。
"不"や"也"などの副詞がない場合は"是"を省略できる。

1) 我是昨天来日本的。	Wǒ shì zuótiān lái Rìběn de.
2) 小马他们是在网上认识的。	Xiǎo Mǎ tāmen shì zài wǎng shang rènshi de.
3) 是小岛同学帮助我们的。	Shì Xiǎodǎo tóngxué bāngzhù wǒmen de.
4) 我不是打电话告诉她的。	Wǒ bú shì dǎ diànhuà gàosu tā de.
5) 你是走着来的吗?	Nǐ shì zǒuzhe lái de ma?
6) 你怎么知道的?	Nǐ zěnme zhīdao de?

2. 助動詞 "能"、"可以":「…できる、可能だ」、「…してもよい」 🔊U18-2-2

能力があって、あるいは条件が整い可能であることを表す場合は "能" を用い、許可されて可能である場合は "可以" も用いる。否定はいずれも "不能" となる。

1) 我会写字。我能写一百个字。	Wǒ huì xiě zì. Wǒ néng xiě yìbǎi ge zì.
2) 你能游多远?	Nǐ néng yóu duō yuǎn?
3) 我明天有考试，不能去玩儿。	Wǒ míngtiān yǒu kǎoshì, bù néng qù wánr.
4) 你可以穿我的旗袍。	Nǐ kěyǐ chuān wǒ de qípáo.
5) 我可以回家吗?	Wǒ kěyǐ huí jiā ma?
6) 这儿不能照相。	Zhèr bù néng zhàoxiàng.

------------------------------- 練習問題 -------------------------------

(1) 私は時々窓を開けて寝ています。（我 有时 窗户 开 睡觉 着）

(2) 私は19歳なので、お酒は飲めません。（我 岁 十九 酒 喝 能 不）

(3) 李先生ではなく、王先生が私たちに中国語を教えたのです。

　　（王老师 李老师 的 是 不是 我们 教 汉语）

(4) このことは新聞を見て知ったのです。（这 事 件 报纸 看 知道 是 的）

(5) 上野公園ではボートをこげますか。（可以 吗 上野公园 船 划）

67

ユニット 19　我下午上了三节课

🔊 U19-1-1

Nǐ hái méi chī fàn ba?　Yìqǐ qù chī fàn, zěnmeyàng?

菊地：你 还 没 吃 饭 吧？一起 去 吃 饭，　怎么样？

Wǒ xiàwǔ shàngle sān jié kè,　dùzi è jíle.

李：　我 下午　上了　三 节 课，肚子 饿 极了。

Nǐ xiǎng chī shénme?　Jīntiān wǒ qǐngkè.

菊地：你 想 吃 什么？　今天 我 请客。

Zhēnde? Nà, wǒ xiǎng shìshi Rìběn de shēngyúpiàn.

李：　真的？ 那，我 想 试试 日本 的 生鱼片。

🔊 U19-1-2

	ピンイン	意味		ピンイン	意味
吧	_____	_____	起床	qǐ//chuáng	_____
上课	_____	_____	跳舞	tiào//wǔ	_____
形+极了	_____	_____	每个星期	_____	_____
请客	_____	_____	只	_____	_____
试	_____	_____	尝	_____	_____
生鱼片	_____	_____	累	_____	_____
滑冰	_____	_____	得+動	_____	[助動]
烤肉	_____	_____	考虑	_____	_____
散步	sàn//bù	_____	问题	_____	_____
洗澡	xǐ//zǎo	_____			

ポイント

1. 離合詞 🔊 U19-2-1

「動詞＋目的語」でつくられる単語。一つの単語として扱われるが、例えば離合詞である"打工"は"打工了一次"ではなく"打了一次工"のようになる。よく使われる離合詞には"上课、滑雪、滑冰、游泳、留学、散步、洗澡、起床、睡觉、跳舞"などがある。

1) 我每个星期只打一次工。　　　Wǒ měi ge xīngqī zhǐ dǎ yí cì gōng.

2) 他滑冰滑得很好。　　　　　　Tā huábīng huá de hěn hǎo.

3) 我没留过学。　　　　　　　　Wǒ méi liúguo xué.

2. 動詞の重ね型：「ちょっと…する、…してみる」 🔊 U19-2-2

軽い気持ちを表し、命令・提案・勧誘などの語気をやわらげる。動詞が一音節の場合は、間に"一"を入れることもできる。最初の単語以外軽声となり、"一"も軽声となる。

1) 这个烤肉很好吃，你尝尝。　　Zhège kǎoròu hěn hǎochī, nǐ chángchang.

2) 请你看一看这个。　　　　　　Qǐng nǐ kàn yi kan zhège.

3) 我累了，咱们休息休息吧。　　Wǒ lèi le, zánmen xiūxi xiuxi ba.

4) 我得考虑考虑这个问题。　　　Wǒ děi kǎolǜ kaolǜ zhège wèntí.

5) 我们一起去公园散散步，　　　Wǒmen yìqǐ qù gōngyuán sànsan bù,
　　怎么样？　　　　　　　　　　 zěnmeyàng?

------------------------------------練習問題------------------------------------

(1) 彼は毎日一度お風呂に入ります。（一 他 洗 每天 澡 次）

(2) あなたは今日いくつ授業に出ますか。（几 你 节 上 课 今天）

(3) 私はまだスキーをしたことがありません。（没 滑 雪 过 还 我）

(4) 私は彼とちょっと相談しなくてはいけません。（商量 我 商量 他 跟 得）

(5) あなたの家にちょっと遊びに行ってみたいです。（我 你 家 玩儿 去 玩儿 想）

ユニット 20　你在看什么?

◀)) U20-1-1

Nǐ zài kàn shénme?

菊地: 你 在 看 什么?

Qiáng shang tiēzhe yì zhāng zhàopiàn.

李: 墙 上 贴着 一 张 照片。

Nà jiù shì Fùshì Shān ba?

那 就 是 富士 山 吧?

Duì, zánmen shénme shíhou qù ne?

菊地: 对, 咱们 什么 时候 去 呢?

Shí yuè qù, zěnmeyàng?

李: 十 月 去, 怎么样?

◀)) U20-1-2

	ピンイン	意味		ピンイン	意味
在	_____	[副] _____	停	_____	_____
墙	_____	_____	飞机	_____	_____
贴	_____	_____	客人	_____	_____
就	_____	_____	下雨	_____	_____
对	_____	[形] _____	干	gàn	_____
什么时候	_____	_____	搬家	bānjiā	_____
打球	_____	_____	冰箱	bīngxiāng	_____
想	_____	[動] _____	水果	shuǐguǒ	_____
正	_____	_____	一些	yìxiē	_____
打扫	_____	_____	放	fàng	_____
书架	_____	_____	乘客	chéngkè	_____
杂志	_____	_____	火车	huǒchē	_____

ポイント

1. 副詞 "在"：「…しているところだ、…しつつある」 ◀))U20-2-1

"在"＋動詞。進行を表す。"呢" も同様の意味を表す（ユニット 17、ポイント 2 を参照）。

1) 他们在打球。　　　　　　　　　Tāmen zài dǎqiú.

2) 你在想什么呢?　　　　　　　　Nǐ zài xiǎng shénme ne?

3) 小王正在打扫房间呢。　　　　　Xiǎo Wáng zhèngzài dǎsǎo fángjiān ne.

2. 存現文 ◀))U20-2-2

「場所＋動詞＋不特定の人／物」で、存在・出現・消失・自然現象に気が付いたことを表す。

1) 书架上有很多杂志。　　　　　　Shūjià shang yǒu hěn duō zázhì.

2) 机场上停着很多飞机。　　　　　Jīchǎng shang tíngzhe hěn duō fēijī.

3) 昨天我家来了一个客人。　　　　Zuótiān wǒ jiā láile yí ge kèren.

4) 外边下雨了。　　　　　　　　　Wàibian xià yǔ le.

練習問題

(1) 君は今なにをしているの。（你　什么　干　现在　在）

(2) 李さんは音楽を聞いています。（小李　音乐　听　在　呢）

(3) 彼は引越しの準備をしているところです。（他　家　搬　准备　正在　呢）

(4) 冷蔵庫には果物がいくらか入っています。（冰箱　水果　一些　放　着　里）

(5) 列車内にはたくさんの乗客が立っている。（乘客　着　火车上　站　很多）

ユニット 21　东西都带好了吗?

🔊 U21-1-1

Nǐ zěnme yòu láiwǎn le?
李：你　怎么　又　来晚　了?

Wǒ jìcuò shíjiān le.
菊地：我　记错　时间　了。

Dōngxi dōu dàihǎo le ma?
李：东西　都　带好　了　吗?

Búyòng dānxīn, dōu dàihǎo le.
菊地：不用　担心，　都　带好　了。

🔊 U21-1-2

	ピンイン	意味		ピンイン	意味
又	_____	_____	勯+懂	_____	_____
勯+晚	_____	_____	饺子	_____	_____
记	_____	_____	功课	_____	_____
勯+错	_____	_____	忘记	wàngjì	_____
勯+好	_____	_____	勯+饱	bǎo	_____
担心	_____	_____	已经	yǐjing	_____
下雪	_____	_____	票	piào	_____
勯+完	_____	_____	三明治	sānmíngzhì	_____
一定	_____	_____	卖	mài	_____
勯+清楚	_____	_____	猫	māo	_____
大家	_____	_____	只	zhī	_____

ポイント

1. 副詞 "又"：「また…」 ◀)) U21-2-1

"又" ＋動詞＋ "了"。すでに起きた事の繰り返しを表す。また、確実に起こることであれば将来の繰り返しであっても "又" を用いる。

1) 他昨天来了一次，今天又来了。　　Tā zuótiān láile yí cì, jīntiān yòu lái le.

2) 今天又下雪了。　　Jīntiān yòu xià xuě le.

3) 明天又是星期一了。　　Míngtiān yòu shì xīngqī yī le.

2. 結果補語 ◀)) U21-2-2

動詞の後に "完"（…し終える）、"清楚"（はっきり…する）、"好"（きちんと…する）などの語を添えて、動作や行為の結果を表す。一般に済んだことに用いられ、"了" を伴うことが多い。否定は一般に "没(有)" を用いる。

1) 小王看完了一本小说。　　Xiǎo Wáng kànwánle yì běn xiǎoshuō.

2) 我们一定要学好汉语。　　Wǒmen yídìng yào xuéhǎo Hànyǔ.

3) 请你再说一遍，　　Qǐng nǐ zài shuō yí biàn,
　　我没听清楚。　　　　wǒ méi tīngqīngchu.

4) 大家都听懂了吗？　　Dàjiā dōu tīngdǒng le ma?

5) 你做完作业了没有？　　Nǐ zuòwán zuòyè le méiyou?

3. 主題化 ◀)) U21-2-3

既知の事柄を話題として文頭に置き、それについて具体的に結果などを述べる。

1) 那本书你看完了吗？　　Nà běn shū nǐ kànwán le ma?

2) 他做的饺子我没吃过。　　Tā zuò de jiǎozi wǒ méi chīguo.

3) 今天的功课我做了一个小时。　　Jīntiān de gōngkè wǒ zuòle yí ge xiǎoshí.

-------練習問題-------

(1) また彼に伝えるのを忘れてしまった。（告诉 忘记 我 他 又 了）

(2) おなかいっぱいになりましたか。（没有 吃饱 你 了）

(3) 切符はもう買いました。（买好 已经 票 了）

(4) サンドイッチはすべて売り切れ（売り終わり）ました。（都 三明治 了 卖完）

(5) この猫、私は見たことがない。（我 这 猫 看过 只 没）

ユニット 22　把相机忘在家里了

🔊 U22-1-1

Xiàngjī nǐ dàilái le ma?
李：　相机　你　带来　了　吗?

Dàilái le,　nǐ zhǎo yíxià, zài bēibāo li.
菊地：带来　了，你　找　一下，在　背包　里。

Méi yǒu a.　Nǐ wàng le ba?
李：　没　有　啊。你　忘　了　吧?

Zāo le,　wǒ bǎ xiàngjī wàngzài jiā li　le!
菊地：糟　了，我　把　相机　　忘在　家　里　了!

🔊 U22-1-2

	ピンイン	意味		ピンイン	意味
動+来	_____	_____	这些	_____	_____
忘	_____	_____	生词	_____	_____
糟了	_____	_____	练习	_____	_____
把	_____	_____	動+在	_____	_____
動+去	_____	_____	老爷	_____	_____
进	_____	_____	姥姥	_____	_____
快+動	_____	_____	行李	_____	_____
楼	_____	_____	公共汽车	gōnggòng qìchē	_____
下	_____	[動]_____			
吧	_____	_____	擦	cā	_____
查	_____	_____	動+干净	gānjìng	_____
孩子	_____	_____	動+到	dào	～まで…する
洗	_____	_____	绍兴	Shàoxīng	_____
蛋糕	_____	_____	鲁迅	Lǔ Xùn	_____
英文	_____	_____	出生	chūshēng	_____

ポイント

1. 単純方向補語 ◀))U22-2-1

　動詞＋"来／去"。目的語を伴うとき、その目的語が場所であるとき、あるいは動作が完了していない場合、目的語は動詞と補語の間に置く。

1) 你进来吧。　　　　　　　　　　Nǐ jìnlái ba.

2) 外面很冷，快进房间里去吧。　　Wàimian hěn lěng, kuài jìn fángjiān li qù ba.

3) 他从二楼下来了。　　　　　　　Tā cóng èr lóu xiàlái le.

4) 你明天带你孩子来吧。　　　　　Nǐ míngtiān dài nǐ háizi lái ba

5) 他买来了一个蛋糕。　　　　　　Tā mǎiláile yí ge dàngāo.

2. 前置詞 "把"：「～を…する」 ◀))U22-2-2

　主語＋"把"＋目的語＋動詞＋付加成分。すでに分っていることについて、動作の結果（移動、変化）を明確にする。

1) 他把英文作业都做完了。　　　　Tā bǎ Yīngwén zuòyè dōu zuòwán le.

2) 你们把这些生词查一下。　　　　Nǐmen bǎ zhèxiē shēngcí chá yíxià.

3) 你把衣服洗一洗。　　　　　　　Nǐ bǎ yīfu xǐ yi xi.

4) 我还没把练习写完呢。　　　　　Wǒ hái méi bǎ liànxí xiěwán ne.

3. 結果補語 "在"：「～に…する」 ◀))U22-2-3

　動詞＋"在"＋場所。動作の結果、ある場所に何らかの状態で存在させることを表す。

1) 我老爷、姥姥住在东京。　　　　Wǒ lǎoye、lǎolao zhùzài Dōngjīng.

2) 你坐在这儿吧。　　　　　　　　Nǐ zuòzài zhèr ba.

3) 你把行李放在哪儿了？　　　　　Nǐ bǎ xíngli fàngzài nǎr le?

---練習問題---

(1) 私達はバスで寮に帰ろう。（我们 坐 宿舍 回 去 公共汽车 吧）

(2) 王君はもう机をきれいに拭いた。（小王 擦 桌子 干净 已经 把 了）

(3) 君の住所をここに書いて下さい。（你的 地址 在 写 这儿 把 请）

(4) 私はこれらを日本に送りたい。（把 我 想 这些 寄到 日本）

(5) 魯迅は 1881 年に紹興で生まれた。（绍兴 1881 年 在 鲁迅 出生）

ユニット 23　走回来的时候，找得到吗?

🔊 U23-1-1

Wǒmen bǎ chē tíngzài nǎr ne?
李：　我们　把　车　停在　哪儿　呢？

Nàr yǒu ge tíngchēchǎng, jiù tíngzài nàr ba.
菊地：那儿 有 个　　停车场，　就　停在 那儿 吧。

Chē nàme duō, wǒmen zǒuhuilai de shíhou zhǎo de dào ma?
李：　车　那么　多，　我们　　走回来　的　时候　找　得　到　吗？

Dì shang xiězhe hàomǎ, méi wèntí.
菊地：地　上　　写着　号码，　没　问题。

🔊 U23-1-2

	ピンイン	意味		ピンイン	意味
停车场	＿＿＿＿	＿＿＿＿	失恋	＿＿＿＿	＿＿＿＿
时候	＿＿＿＿	＿＿＿＿	睡	＿＿＿＿	＿＿＿＿
動+得+補	＿＿＿＿	＿＿＿＿	生日	＿＿＿＿	＿＿＿＿
動+到	＿＿＿＿	＿＿＿＿	收	＿＿＿＿	＿＿＿＿
地上	＿＿＿＿	＿＿＿＿	整个	＿＿＿＿	＿＿＿＿
没问题	＿＿＿＿	＿＿＿＿	屋子	＿＿＿＿	＿＿＿＿
上	＿＿＿＿	[動]	还是	＿＿＿＿	＿＿＿＿
出	＿＿＿＿	＿＿＿＿	毛衣	＿＿＿＿	＿＿＿＿
过	＿＿＿＿	＿＿＿＿	赶快	gǎnkuài	＿＿＿＿
起	＿＿＿＿	＿＿＿＿	终于	zhōngyú	＿＿＿＿
動+不+補	＿＿＿＿	＿＿＿＿	司马	Sīmǎ	＿＿＿＿

ポイント

1. 複合方向補語 🔊 U23-2-1

動詞＋複合方向補語。以下の補語が動詞に後続する。場所を表す目的語は"来""去"の前に置く。

	上	下	进	出	回	过	起
来	上来	下来	进来	出来	回来	过来	起来
去	上去	下去	进去	出去	回去	过去	

1) 汽车开过来了。　　　　　　　Qìchē kāiguolai le.
2) 小王走进教室来了。　　　　　Xiǎo Wáng zǒujìn jiàoshì lái le.
3) 老张从房间走出去了。　　　　Lǎo Zhāng cóng fángjiān zǒuchuqu le.
4) 我想买几本杂志带回去。　　　Wǒ xiǎng mǎi jǐ běn zázhì dàihuiqu.

2. 可能補語：「…できる／…できない」 🔊 U23-2-2

動詞＋"得／不"＋結果／方向補語。多く否定形で用いる。意志によらず結果としてできるかどうかを述べる。

1) 他说的话，我听不懂。　　　　Tā shuō de huà, wǒ tīng bu dǒng.
2) 他失恋了，　　　　　　　　　Tā shīliàn le,
　　这几天吃不好睡不好。　　　　　zhè jǐ tiān chī bu hǎo shuì bu hǎo.
3) 人太多，进不去。　　　　　　Rén tài duō, jìn bu qù.
4) 这么多作业做得完吗？　　　　Zhème duō zuòyè zuò de wán ma?

3. 結果補語"到"：（実現、入手）🔊 U23-2-3

動詞＋"到"。「（目的の）実現」或いは「入手」を表す。

1) 生日那天他收到了很多礼物。　Shēngrì nà tiān tā shōudàole hěn duō lǐwù.
2) 他找了整个屋子，　　　　　　Tā zhǎole zhěnggè wūzi,
　　还是没找到。　　　　　　　　　háishi méi zhǎodào.
3) 那件毛衣你买到了没有？　　　Nà jiàn máoyī nǐ mǎidàole méiyou?

-------------------------------練習問題-------------------------------

(1) その本は私は読み終えられない。（我 不 完 那本书 看）
(2) 急いで（走って）家に帰りなさい。（你 赶快 回 去 跑 家）
(3) 私たちようやく司馬先生にお目にかかれました。（老师 见到 我们 终于 司马 了）
(4) 彼は何枚かサッカーのチケットを買って手に入れた。

　　（他 几张 到 买 了 足球票）

ユニット 24　我觉得有点儿冷

🔊 U24-1-1

Fùshì Shān zhēn ràng wǒ gǎndòng!
李： 富士　山　真　让　我　感动！

Nǐ chuān de zhème shǎo, bù lěng ma?
菊地： 你　穿　得　这么　少，不　冷　吗？

Wǒ juéde yǒudiǎnr lěng.
李： 我　觉得　有点儿　冷。

Nǐ duō chuān jǐ jiàn yīfu ba.
菊地： 你　多　穿　几　件　衣服　吧。

🔊 U24-1-2

	ピンイン	意味		ピンイン	意味
让	_____	_____	注意	_____	_____
感动	_____	_____	应该	_____	_____
少	_____	_____	一会儿	_____	_____
觉得	_____	_____	下个星期	_____	_____
有点儿	_____	_____	复习	_____	_____
多+勔	_____	_____	蔬菜	_____	_____
别	_____	_____	少+勔	_____	_____
父母	_____	_____	肉	_____	_____
乱	_____	_____	希望	xīwàng	_____
花	_____	_____	自我介绍	zìwǒ jièshào	_____
疼	_____	_____	渴	kě	_____
咸	_____	_____	总是	zǒngshì	_____
舒服	_____	_____	背	bèi	_____

ポイント

1. 使役文:「～に…させる、～に…するよう言う」 ◀)) U24-2-1

"让"＋人＋動詞。

1) 我妈妈让我去买东西。　　　　　Wǒ māma ràng wǒ qù mǎi dōngxi.

2) 别让你父母担心。　　　　　　　Bié ràng nǐ fùmǔ dānxīn.

3) 老师让我们多念课文。　　　　　Lǎoshī ràng wǒmen duō niàn kèwén.

4) 她不让我乱花钱。　　　　　　　Tā bú ràng wǒ luàn huā qián.

2. "有点儿"＋形容詞:「少し…だ」 ◀)) U24-2-2

話し手にとって好ましくないことに多く用いる。

1) 我肚子有点儿疼。　　　　　　　Wǒ dùzi yǒudiǎnr téng.

2) 这个菜有点儿咸。　　　　　　　Zhège cài yǒudiǎnr xián.

3) 我觉得有点儿不舒服。　　　　　Wǒ juéde yǒudiǎnr bù shūfu.

4) 体育馆离这儿有点儿远。　　　　Tǐyùguǎn lí zhèr yǒudiǎnr yuǎn.

※「形容詞＋"一点儿"」は比較、命令に用いる。語順に注意。(ユニット 11、
ポイント 2 参照。cf. "这个菜比那个菜咸一点儿。")

3. "多"＋動詞（＋数量表現）:「多めに…する、たくさん…する」／"少"＋動詞（＋数量表現）:「少なめに…する」 ◀)) U24-2-3

1) 你要多注意身体。　　　　　　　Nǐ yào duō zhùyì shēntǐ.

2) 你应该多休息一会儿。　　　　　Nǐ yīnggāi duō xiūxi yíhuìr.

3) 下个星期有考试，　　　　　　　Xià ge xīngqī yǒu kǎoshì,

　　咱们应该多复习复习。　　　　　　zánmen yīnggāi duō fùxí fuxi.

4) 应该多吃蔬菜，少吃肉。　　　　Yīnggāi duō chī shūcài, shǎo chī ròu.

-------------------------------------練習問題-------------------------------------

(1) 少し自己紹介をさせてください。(我 自我介绍 让 做 一下 请)

(2) 君にはたくさん勉強（本を読む）してほしい。(多 我 你 希望 书 念)

(3) テレビを見るのもほどほどにしなさい。(你 电视 看 少 吧)

(4) 私は少し喉が渇いた。(我 渴 有点儿 了)

(5) 先生はいつも私たちに教科書の本文を暗記させる。(总是 老师 我们 课文 让 背)

ユニット 25 夕阳被云彩遮起来了

🔊 U25-1-1

Cóng zhèr néng kànjiàn Dōngjīng ma?
李： 从 这儿 能 看见 东京 吗？

Dōngjīng bú shì zhèbian, cóng zhèr kàn bu jiàn.
菊地： 东京 不是 这边， 从 这儿 看 不见。

Nǐ kàn, xīyáng bèi yúncǎi zhēqilai le.
李： 你看， 夕阳 被 云彩 遮起来 了。

Tàiyáng kuài yào xià shān le.
菊地： 太阳 快 要 下 山 了。

🔊 U25-1-2

	ピンイン	意味		ピンイン	意味
看见	_____	_____	幅	_____	_____
这边	_____	_____	小孩子	_____	_____
夕阳	_____	_____	哭	_____	_____
被	_____	_____	新年	_____	_____
云彩	_____	_____	晚	_____	_____
遮	_____	_____	快～了	_____	_____
勔+起来	_____	_____	要～了	_____	_____
太阳	_____	_____	就要～了	_____	_____
快要～了	_____	_____	巧克力	qiǎokèlì	_____
下山	_____	_____	勔+掉	diào	_____
碗	_____	_____	采用	cǎiyòng	_____
摔	_____	_____	建议	jiànyì	_____
雨	_____	_____	代表	dàibiǎo	_____
淋湿	_____	_____	选为	xuǎnwéi	_____
羡慕	_____	_____	起飞	qǐfēi	_____

ポイント

1. 受身文：「(〜に) …される」 🔊U25-2-1
主語＋"被"(＋動作の主体)＋動詞。

1) 我的碗被他摔坏了。	Wǒ de wǎn bèi tā shuāihuài le.
2) 衣服被雨淋湿了。	Yīfu bèi yǔ línshī le.
3) 她总是被人羡慕。	Tā zǒngshì bèi rén xiànmù.
4) 那幅画儿被买走了。	Nà fú huàr bèi mǎizǒu le.

2. 方向補語"起来" 🔊U25-2-2
開始や、放任・放置から収束・収蔵・制御へという動きを表す。動詞/形容詞＋"起来"。目的語がある場合は"起"と"来"の間に置く。

1) 小孩子哭起来了。	Xiǎo háizi kūqilai le.
2) 大家唱起歌来了。	Dàjiā chàngqǐ gē lái le.
3) 外面下起雨来了。	Wàimian xiàqǐ yǔ lái le.
4) 云彩多起来了。	Yúncǎi duōqilai le.
5) 把这些信收起来。	Bǎ zhèxiē xìn shōuqilai.

3. "快要〜了"：「もうすぐ/まもなく…（しそうだ）」 🔊U25-2-3
差し迫った事態を表す。"快〜了""要〜了""就要〜了"などの言い方もある。"就要〜了"では前に時間を表す語を置くことができる。

1) 新年快要到了。	Xīnnián kuài yào dào le.
2) 快要考试了，	Kuài yào kǎoshì le,
每天他都学习到很晚。	měitiān tā dōu xuéxídào hěn wǎn.
3) 快十一点了，快去洗澡吧！	Kuài shíyī diǎn le, kuài qù xǐzǎo ba!
4) 要下雨了。	Yào xià yǔ le.
5) 李红明年就要回中国了。	Lǐ Hóng míngnián jiù yào huí Zhōngguó le.

-------------------練習問題-------------------

(1) 私のチョコレートが弟に食べられた。（我 弟弟 巧克力 了 被 吃掉 的）

(2) 彼の提案は採用された。（他 采用 了 建议 被 的）

(3) 彼は学生代表として選ばれた。（他 学生 被 代表 选为 了）

(4) 父は近頃太ってきた。（胖 最近 了 起来 我爸爸）

(5) 飛行機がまもなく離陸します。（飞机 起飞 要 了 快）

単語帳

(出現箇所の数字はユニット。Sはセクションを表す。ピンインの//は離合詞であることを表す)

漢字	ピンイン	意味	出現箇所
A			
啊	a	～なのか	14
啊	a	(気づいた時など)ああ	
矮	ǎi	(背・丈が)低い	
爱人	àiren	配偶者、妻、夫	
奥运会	Àoyùnhuì	オリンピック	
B			
八	bā	8	
把	bǎ	[量](椅子、傘など持つところに注目するものを数える)～脚、～本	5
把	bǎ	[前]～を	22
爸爸	bàba	父親	2
吧	ba	(勧誘、提案)…しましょう	9
吧	ba	(推量)～でしょう	19
吧	ba	(命令の語気を和らげる)…してください	22
白板	bái bǎn	ホワイトボード	
白色	báisè	白い色(の)	
百	bǎi	百	S6-1
班	bān	クラス、グループ	
搬家	bān//jiā	引っ越しをする	20
办	bàn	処理する	
办公室	bàngōngshì	事務室、オフィス	
半	bàn	(時刻)半、30分	S6-2
半	bàn	半分	16
傍晚	bàngwǎn	夕方	
帮助	bāngzhù	助ける、手伝う	18
棒球	bàngqiú	野球	
包	bāo	包む	
包子	bāozi	中華まん	5
薄	báo	薄い	
動+饱	bǎo	いっぱいに…する	21
抱	bào	抱く、抱える	
报告	bàogào	レポート	
报纸	bàozhǐ	新聞紙、新聞	2
杯	bēi	[量](コップに入った飲み物など)～杯	5
杯子	bēizi	コップ	
背	bēi	背負う	
背包	bēibāo	リュックサック	9
北	běi	北	10
北京	Běijīng	北京	8
被	bèi	…される	25
背	bèi	暗記する、暗唱する	24
本	běn	[量](書籍など冊子状のもの)～冊	5
本子	běnzi	ノート	
比	bǐ	～より、～と比べて	11
比较	bǐjiào	比較的、割合と	8
比赛	bǐsài	試合	

漢字	ピンイン	意味	出現箇所
笔	bǐ	ペン	
笔记本	bǐjìběn	ノート	
闭	bì	閉じる	
毕业	bì//yè	卒業(する)	
便利店	biànlìdiàn	コンビニエンスストア	8
遍	biàn	(ひと通りの動作について)～回、～遍	16
～边	bian	～のあたり、～側	10
别	bié	…するな、…してはいけない	24
别人	biérén	他の人	
冰箱	bīngxiāng	冷蔵庫	20
病	bìng	病気(になる)	
不	bù	…しない、…ではない	1
動+不+補	bu	動+補できない	23
不过	búguò	しかし、だけど	
不好意思	bù hǎo yìsi	申し訳ない、きまりが悪い	S5-1
不客气	bú kèqi	どういたしまして	S5-1
動+不了	buliǎo	…できない、…しきれない	
不太	bú tài	あまり…ではない	16
不谢	bú xiè	どういたしまして	S5-1
不行	bùxíng	だめ、よくない	
不要	búyào	…するな、…してはいけない	13
不用	búyòng	…する必要はない、…しなくともよい	13
部	bù	[量](映画、小説などの作品)～部、～本	
C			
擦	cā	擦る、拭う、拭く	22
才	cái	やっと、ようやく	
采用	cǎiyòng	採用する	25
菜	cài	料理、おかず	2
菜单	càidān	メニュー	
参加	cānjiā	参加する	
餐厅	cāntīng	レストラン	
操场	cāochǎng	グラウンド、運動場	
厕所	cèsuǒ	トイレ	10
查	chá	調べる	22
茶	chá	お茶	3
差	chà	足りない	S6-2
差不多	chà bu duō	大差ない	
长	cháng	長い	
长城	Chángchéng	万里の長城	
尝	cháng	味見をする	19
常	cháng	いつも	
常常	chángcháng	いつも	
唱	chàng	歌う	5
超市	chāoshì	スーパーマーケット	9
车	chē	(自動車、電車、自転車

		など幅広く)車輛	15
车灯	chēdēng	車輛のライト	18
车票	chēpiào	(汽車・電車・バスなどの)乗車券、切符	
车站	chēzhàn	駅、バス停	9
陈	Chén	(姓)陳	14
成绩	chéngjì	成績	8
成龙	Chéng Lóng	ジャッキー・チェン	16
乘客	chéngkè	乗客	20
橙色	chéngsè	オレンジ色(の)	
吃	chī	食べる	2
吃(药)	chī	(薬を)服用する	
抽烟	chōu//yān	たばこを吸う	12
出	chū	出る	23
出发	chūfā	出発する	14
出门	chū//mén	出かける	
出生	chūshēng	生まれる	22
初次见面	chūcì jiànmiàn	はじめまして	S5-1
初中生	chūzhōngshēng	中学生	
川岛	Chuāndǎo	(姓)川島	2
穿	chuān	着る、穿く	17
船	chuán	船、ボート	18
窗户	chuānghu	窓	17
床	chuáng	ベッド	
春节	chūnjié	春節、旧暦の正月	
春天	chūntiān	春	
词典	cídiǎn	辞書	4
次	cì	～回	16
从	cóng	[前]～から	14
粗	cū	太い	
動+错	cuò	…し間違う	21

---D---

打	dǎ	(電話を)かける	7
打	dǎ	(球技を)する	13
打工	dǎ//gōng	アルバイトをする	12
打开	dǎkāi	開く	S5-2
打雷	dǎ//léi	雷が鳴る	
打球	dǎ//qiú	球技をする	20
打瞌睡	dǎ kēshuì	居眠りをする	
打伞	dǎ sǎn	傘をさす	17
打扫	dǎsǎo	掃除する	20
打算	dǎsuan	する予定である	
大	dà	大きい	9
大	dà	(年齢が)大きい、年上である	11
大阪	Dàbǎn	大阪	14
大点儿	dà diǎnr	大きくする	S5-2
大后年	dàhòunián	再来年の翌年	
大后天	dàhòutiān	しあさって	
大家	dàjiā	皆	21
大连	Dàlián	(地名)大連	
大前年	dàqiánnián	さきおととし	
大前天	dàqiántiān	さきおととい	
大学	dàxué	大学	7
大学生	dàxuéshēng	大学生	12

大夫	dàifu	医者	
带	dài	(身に着けて)持つ、(人などを)連れる	13
戴	dài	かぶる、身につける	
担心	dānxīn	心配する	21
但是	dànshì	しかし	
蛋糕	dàngāo	ケーキ	22
当	dāng	(職業、立場など)～になる	13
当然	dāngrán	当然、もちろん	
代表	dàibiǎo	代表	25
倒	dǎo	倒す、倒れる	
到	dào	～まで	14
到	dào	やって来る、到着する	15
動+到	dào	～まで…する	22
動+到	dào	(目的の実現或いは入手を表す)	23
倒茶	dào chá	お茶を入れる	
德国	Déguó	ドイツ	14
德语	Déyǔ	ドイツ語	
的	de	(連体修飾語を作る)～の	4
動+得+補	de	…する様子、状態が補である	16
動+得+補	de	動+補できる	23
得+動	děi	…しなければならない	19
灯	dēng	灯り	17
登	dēng	登る	
等	děng	待つ	15
低处	dīchù	低いところ	
地方	dìfāng	(中央に対する)地方	
地方	dìfang	場所、ところ	9
地上	dìshang	地面	23
地铁	dìtiě	地下鉄	9
地址	dìzhǐ	住所	6
弟弟	dìdi	弟	7
第	dì	第	5
点	diǎn	(時刻)～時	12
点	diǎn	(料理を)注文する	
点儿	diǎnr	少し	
电车	diànchē	電車	14
电灯	diàndēng	電灯	
电话	diànhuà	電話	4
电脑	diànnǎo	パソコン	3
电视	diànshì	テレビ	2
电视机	diànshìjī	テレビ(受像機)	
电影	diànyǐng	映画	3
电子	diànzǐ	電子	4
動+掉	diào	…してしまう	25
订做	dìngzuò	あつらえる	
东	dōng	東	10
东京	Dōngjīng	東京	14
东西	dōngxī	東西	
东西	dōngxi	もの、品物	9
冬天	dōngtiān	冬	

勔+懂	dǒng	…して理解する	21
动	dòng	動く、動かす	
动物园	dòngwùyuán	動物園	
都	dōu	すべて、みな	2
独生女	dúshēngnǚ	女の一人っ子	
独生子	dúshēngzǐ	男の一人っ子	
肚子	dùzi	お腹、腹	8
渡边	Dùbiān	(姓)渡辺	2
短	duǎn	短い	
段	duàn	[量](段階、区切りなど) ~段、~区切り	
对	duì	[前]~に対して	13
对	duì	合っている、正しい	20
对不起	duìbuqǐ	申し訳なく思う	17
对面	duìmiàn	向かい、正面	10
多	duō	多い	8
多+勔	duō	多めに…する	24
多+形	duō	どのくらい…か	14
多长	duō cháng	どのくらい長いか	14
多大	duō dà	何歳であるか	S6-2
形+多了	duō le	ずっと…だ、はるかに…だ	11
多么	duōme	なんと	
多少	duōshao	いくら、どれくらい	4

E

俄国	Éguó	ロシア	1
饿	è	空腹である	8
而且	érqiě	しかも、その上	10
二	èr	2	

F

发	fā	送信、発信、発送する	15
发表	fābiǎo	発表する	
发烧	fā//shāo	熱が出る	
法国	Fǎguó	フランス	14
法语	Fǎyǔ	フランス語	16
翻	fān	(ページを)めくる	S5-1
翻译	fānyì	翻訳(する)、通訳(する)	3
饭	fàn	ご飯、食事	7
饭店	fàndiàn	ホテル	
方便	fāngbiàn	便利である	
房子	fángzi	家屋	
房间	fángjiān	部屋	4
放	fàng	置く	20
放假	fàng//jià	休みになる	
放心	fàng//xīn	安心する	
放学	fàngxué	学校がひける	
飞	fēi	飛ぶ	
飞机	fēijī	飛行機	20
非常	fēicháng	非常に、とても	10
分	fēn	(通貨の単位)分	6
分	fēn	(時刻)~分	12
分钟	fēnzhōng	~分間	16
份	fèn	[量](料理など)~人分	
丰田	Fēngtián	(姓)豊田	2

风景	fēngjǐng	風景	
封	fēng	[量](封書など)~通	15
服务员	fúwùyuán	(サービス業の)店員	5
幅	fú	[量](絵など)~枚	31
福冈	Fúgāng	福岡	3
父母	fùmǔ	両親	24
附近	fùjìn	付近、近く	
复习	fùxí	復習する	24
富士山	Fùshì Shān	富士山	4

G

该~了	gāi ~ le	…すべき時になる	
勔+干净	gānjìng	清潔に…する	22
赶快	gǎnkuài	早く、急いで	23
感动	gǎndòng	感動する	24
感冒	gǎnmào	風邪をひく	12
感谢	gǎnxiè	感謝する	
干	gàn	する、やる	20
干净	gānjìng	(清潔で)きれいである	
刚	gāng	…したばかりである	
钢笔	gāngbǐ	万年筆	
钢琴	gāngqín	ピアノ	14
高	gāo	(高さが)高い	8
高处	gāochù	高いところ	
高兴	gāoxìng	うれしい	
高中生	gāozhōngshēng	高校生	
告诉	gàosu	伝える、告げる	6
歌	gē	歌	16
哥哥	gēge	兄	11
个子	gèzi	身長	8
个	ge	[量](専用の量詞をもたない全てのもの、人)~個、~人、~つ	5
给	gěi	[動]あげる	6
给	gěi	[前]~に(…してあげる、…する)	7
跟	gēn	[前]~と	7
工人	gōngrén	労働者	
工作	gōngzuò	仕事(をする)	
公共汽车	gōnggòng qìchē	路線バス	22
公里	gōnglǐ	キロメートル	
公司	gōngsī	会社	7
公司职员	gōngsī zhíyuán	会社員	
公务员	gōngwùyuán	公務員	
公用电话	gōngyòng diànhuà	公衆電話	10
公园	gōngyuán	公園	2
功课	gōngkè	授業、宿題、学校の勉強	21
狗	gǒu	犬	11
古典	gǔdiǎn	古典	3
故宫	Gùgōng	故宮	15
故事	gùshi	物語	
刮风	guā fēng	風が吹く	
拐	guǎi	(角などを)曲がる	
怪不得	guàibude	道理で、なるほど	16
关	guān	閉まる、閉める	

广播	guǎngbō	ラジオ	
贵	guì	(値段が)高い	8
贵姓	guìxìng	ご苗字	2
桂林	Guìlín	桂林	
国庆节	guóqìng jié	国慶節、建国記念日	
果汁	guǒzhī	ジュース	
过	guò	過ぎる、越える	23
过	guo	…したことがある	13

H

还	hái	まだ、なおも	4
还	hái	さらに、その上	14
还可以	hái kěyǐ	まあまあである	
还~呢	hái ~ ne	さらに~なのですよ	14
还~呢	hái ~ ne	まだ…している	
还是	háishi	それとも	14
还是	háishi	やはり	23
孩子	háizi	子供	22
海	hǎi	海	
韩国	Hánguó	韓国	1
寒假	hánjià	冬休み	
汉堡包	hànbǎobāo	ハンバーガー	7
汉语	Hànyǔ	中国語	3
汉字	Hànzì	漢字	
好	hǎo	よい	6
好+動	hǎo	…しやすい	
動+好	hǎo	しっかり…する	21
好吃	hǎochī	(食べて)おいしい	8
好处	hǎochù	よいところ、長所	
好喝	hǎohē	(飲んで)おいしい	8
好久	hǎojiǔ	久しい間	S5-1
好看	hǎokàn	見た目がよい、綺麗である	8
好听	hǎotīng	聞いて気持ちが良い、心地よい	
好玩儿	hǎowánr	面白い、楽しい	
好闻	hǎowén	かぐわしい	
号	hào	(日付の)日	5
号码	hàomǎ	番号	4
喝	hē	飲む	2
和	hé	~と	5
黑	hēi	黒い、暗くなる	
黑色	hēisè	黒い色(の)	
黑板	hēibǎn	黒板	9
很	hěn	とても(時に意味を持たない場合もあるので注意)	8
红	Hóng	(人名)紅	2
红	hóng	赤い	12
红茶	hóngchá	紅茶	14
红色	hóngsè	赤い色(の)	
宏	Hóng	(人名)宏	2
猴	hóu	申年	11
猴子	hóuzi	猿	
后	hòu	後ろ	10
后年	hòunián	再来年	S6-2

后天	hòutiān	明後日	S6-2
虎	hǔ	寅年	11
互相	hùxiāng	お互いに	
护士	hùshi	看護師	3
花	huā	(金、時間などを)使う、費やす	24
划	huá	漕ぐ	18
滑冰	huá//bīng	スケートをする	19
滑雪	huá//xuě	スキーをする	14
话	huà	話	4
画	huà	描く	7
画儿	huàr	絵	7
坏	huài	壊れる、悪い	18
还	huán	返す	
换钱	huàn//qián	両替する	13
黄色	huángsè	黄色い色(の)	
灰色	huīsè	灰色(の)	
回	huí	帰る、戻る	7
回家	huí jiā	帰宅する	
回头见	huítóu jiàn	また後ほど	S5-1
会	huì	(技術などを習得して)…できる	14
火车	huǒchē	列車、汽車	20

J

机场	jīchǎng	空港、飛行場	9
机会	jīhuì	機会	
鸡	jī	鶏、酉年	11
鸡肉	jīròu	鶏肉	8
吉他	jítā	ギター	
形+极了	jíle	極めて…だ、実に…だ	19
集合	jíhé	集合する	12
几	jǐ	いくつ、いくつか	5
几天	jǐ tiān	何日か、数日	
记	jì	覚える、記録する	21
季节	jìjié	季節	
寄	jì	(郵送などで)送る	9
寄信	jì xìn	手紙を出す	
家	jiā	家	7
家	jiā	[量](店など)~軒	9
家庭主妇	jiātíng zhǔfù	主婦	
价钱	jiàqian	値段	
检票口	jiǎnpiàokǒu	改札口	10
简单	jiǎndān	簡単である	
剪刀	jiǎndāo	はさみ	
见	jiàn	会う	13
件	jiàn	[量](衣類、品物、事物などを数える)	5
建议	jiànyì	提案する	25
健康	jiànkāng	健康(である)	
渐渐	jiànjiàn	だんだんと	
讲	jiǎng	話す、言う、…について言う	
教	jiāo	教える	6
角	jiǎo	(通貨の単位)角	6
饺子	jiǎozi	餃子	21

叫	jiào	〜と言う、呼ぶ	2
教室	jiàoshì	教室	10
接	jiē	出迎える	9
街	jiē	大通り	
节	jié	[量](授業など)〜時限目、〜コマ	5
结婚	jié//hūn	結婚する	
姐姐	jiějie	姉	7
姐妹	jiěmèi	姉妹	S6-2
借	jiè	貸す、借りる	
斤	jīn	(重さの単位)斤(500g)	
今年	jīnnián	今年	S6-2
今天	jīntiān	今日	6
紧张	jǐnzhāng	緊張している、忙しい	
近	jìn	近い	9
进	jìn	入る	22
经常	jīngcháng	よく、普段から	17
经验	jīngyàn	経験(する)	
景山公园	Jǐngshān Gōngyuán	景山公園	
九	jiǔ	9	
酒	jiǔ	酒	13
旧	jiù	古い	
就	jiù	すぐに	15
就	jiù	ほかでもなく	20
就	jiù	〜にはもう	
就要〜了	jiùyào 〜 le	まもなく…する	25
菊地	Júdì	(姓)菊地	1
句	jù	[量](言葉、文など)〜言、〜句、〜文	
觉得	juéde	感じる、〜と思う	24

K

咖啡	kāfēi	コーヒー	2
咖啡色	kāfēisè	茶色い色(の)	
开	kāi	(車を)運転する	16
开	kāi	開く	17
开车	kāi//chē	車を運転する	9
开花	kāi//huā	花が咲く	
开门	kāi//mén	開門する	15
开始	kāishǐ	始める	S5-2
开心	kāixīn	愉快である、楽しい	16
开学	kāixué	学校(学期)が始まる	
看	kàn	見る、読む	2
看见	kànjian	見える	25
考虑	kǎolǜ	考慮する、考える	19
考试	kǎoshì	試験(をする、受ける)	18
烤肉	kǎoròu	焼肉	19
烤鸭	kǎoyā	ローストダック	8
开关	kāiguān	スイッチ	
可爱	kě'ài	かわいい	
可乐	kělè	コーラ	5
可是	kěshì	しかし、だけど	
可以	kěyǐ	…できる、大丈夫である、…してもよい	18
渴	kě	喉が渇いている	24

刻	kè	(時刻、時間の単位)15分	S6-2
客气	kèqi	遠慮する、礼儀正しい	13
客人	kèren	客	20
课	kè	授業、〜課	5
课本	kèběn	教科書	4
课文	kèwén	教科書の本文	2
空调	kōngtiáo	エアコン	10
空	kòng	空いている	
口	kǒu	[量](家族全体の人数を数えて)〜人	S6-2
哭	kū	泣く	25
裤子	kùzi	ズボン	5
块	kuài	(通貨の単位)"元"の口語	6
块	kuài	[量](かたまり、コイン、消しゴム等)〜個	
快	kuài	速い	16
快+動	kuài	速く…する	22
快〜了	kuài 〜 le	まもなく…する	25
快要〜了	kuàiyào 〜 le	まもなく…する	25
困	kùn	眠い	

L

拉	lā	(バイオリンなどの楽器を)弾く、引っ張る	
来	lái	来る	9
来	lái	よこす、注文する	
来	lái	(動作主を明確にする)	
動+来	lái	…して来る	22
蓝色	lánsè	青い色(の)	
篮球	lánqiú	バスケットボール	
老	lǎo	(一文字の姓の前につけて、年上の)〜さん	3
老虎	lǎohǔ	虎	
老家	lǎojiā	実家	
老师	lǎoshī	先生	1
老鼠	lǎoshǔ	鼠	
老爷	lǎoye	母方の祖父	22
姥姥	lǎolao	母方の祖母	22
了	le	(文末に置いて変化を表す)〜になる、なった	12
了	le	(動詞の後ろに置いて完了、実現を表す)…した	15
累	lèi	疲れる	19
冷	lěng	寒い	12
离	lí	[前](距離、間隔を表す)〜から	9
礼拜	lǐbài	曜日	
礼物	lǐwù	贈り物、プレゼント	6
李	Lǐ	(姓)李	1
里	lǐ	中、内部	10
名+里	li	〜の中、〜という場所	10
历史	lìshǐ	歴史	
厉害	lìhai	(良くも悪くも)すごい	
练习	liànxí	練習(する)	22
凉快	liángkuai	涼しい	11

两	liǎng	二つ	5
亮	liàng	明るい、明るくなる	17
辆	liàng	[量]（車輌など）〜台	5
淋湿	línshī	濡れる	25
刘	Liú	（姓）劉	3
流	liú	流れる	
流利	liúlì	流暢である	16
留学	liú//xué	留学する	12
留学生	liúxuéshēng	留学生	1
六	liù	6	
龙	lóng	龍、辰年	11
楼	lóu	階	22
录取	lùqǔ	採用する、受かる	
录音	lùyīn	録音したもの	
路	lù	道	
乱	luàn	みだりに…する	24
鲁迅	Lǔ Xùn	（人名）魯迅	22
旅行	lǚxíng	旅行（する）	
旅游	lǚyóu	旅行（する）	12
绿色	lǜsè	緑色（の）	

—————————— M ——————————

妈妈	māma	母親	12
麻烦	máfan	面倒をかける、煩わしい	S5-1
麻婆豆腐	mápó dòufu	麻婆豆腐	16
马	mǎ	馬、午年	11
马	Mǎ	（姓）馬	18
马上	mǎshàng	すぐに	17
吗	ma	（疑問）〜か	1
买	mǎi	買う	4
卖	mài	売る	21
馒头	mántou	マントー（中国式蒸しパン）	
慢	màn	（速度が）遅い	
忙	máng	忙しい	15
猫	māo	猫	21
毛	máo	（通貨の単位）"角"の口語	6
毛衣	máoyī	セーター	23
帽子	màozi	帽子	
没	méi	〜ない	4
没关系	méi guānxi	関係ない、大丈夫である	S5-1
没问题	méi wèntí	問題ない、大丈夫である	23
没意思	méi yìsi	面白くない	
没(有)＋動	méi(you)	…していない、しなかった	15
每个星期	měi ge xīngqī	毎週	19
每个月	měi ge yuè	毎月	S6-2
每年	měinián	毎年	S6-2
每天	měitiān	毎日	12
美国	Měiguó	アメリカ	1
妹妹	mèimei	妹	12
门	mén	ドア、扉、門	
门	mén	[量]（学科、技術など）〜種	

门口	ménkǒu	出入り口	14
们	men	人称代詞や人を指す名詞の後につけて複数を表す	
米	mǐ	メートル	4
米饭	mǐfàn	ライス	
〜面	mian	〜の側	10
面包	miànbāo	パン	5
面条	miàntiáo	麺類	
名字	míngzi	名前	2
明白	míngbai	わかる	S6-1
明年	míngnián	来年	S6-2
明天	míngtiān	明日	14
明天见	míngtiān jiàn	また明日	S5-1
摩托车	mótuōchē	オートバイ	14

—————————— N ——————————

拿	ná	（手に）持つ	17
哪	nǎ	どの、どれ	4
哪个	nǎ ge	どの、どれ	10
哪里	nǎli	どこ	9
哪里	nǎli	（褒められたときなどに）どういたしまして、とんでもない	16
哪些	nǎxiē	（複数）どの、どれ	
哪儿	nǎr	どこ	9
那	nà	その、あの、それ、あれ	4
那	nà	それでは	9
那个	nàge	その、それ、あの、あれ	9
那里	nàli	そこ、あそこ	10
那么	nàme	そのように、あのように	11
那些	nàxiē	それら、あれら	
那儿	nàr	そこ、あそこ	9
奶奶	nǎinai	父方の祖母	15
男	nán	男の	7
南	nán	南	10
难	nán	難しい	
呢	ne	（疑問）〜は	2
呢	ne	…なのだろうか	8
呢	ne	…している	17
呢	ne	…なのですよ	14
能	néng	…できる	18
你	nǐ	あなた	1
你们	nǐmen	あなたたち	1
年	nián	年、〜年間	S4-4
年级	niánjí	〜年生、学年	S5-1
年夜饭	niányèfàn	大みそかに行う一家そろっての晩餐	
念	niàn	（声に出して）読む	2
您	nín	（敬意を含む）あなた	1
牛	niú	牛、丑年	11
牛奶	niúnǎi	牛乳	
牛肉	niúròu	牛肉	8
努力	nǔ//lì	努力する、励む	16
暖和	nuǎnhuo	暖かい	

| 女 | nǚ | 女の | 7 |

———————— P ————————

趴	pā	這う	
爬	pá	登る	13
爬山	pá//shān	登山する	13
排球	páiqiú	バレーボール	
旁边	pángbiān	脇、側	10
盘子	pánzi	皿	
胖	pàng	太っている	12
朋友	péngyou	友達	7
跑	pǎo	走る	16
跑步	pǎo//bù	走る、駆け足をする	
啤酒	píjiǔ	ビール	5
匹	pǐ	[量](ウマ、ラバなどの動物)〜匹、〜頭	
篇	piān	[量](文章など)編	
便宜	piányi	安い	8
票	piào	チケット、切符	21
漂亮	piàoliang	美しい	9
乒乓球	pīngpāngqiú	卓球	13
平常	píngcháng	いつも、普段	
苹果	píngguǒ	リンゴ	
瓶	píng	[量](瓶状のもの)〜本、〜瓶	5

———————— Q ————————

七	qī	7	
骑	qí	(またがって)乗る	9
旗袍	qípáo	チャイナドレス	18
起	qǐ	起きる	23
起床	qǐ//chuáng	起床する	19
起飞	qǐfēi	離陸する	25
動+起来	qǐlai	…し始める	25
气	qì	怒る、腹立たしい	
汽车	qìchē	自動車	4
千	qiān	千	6
铅笔	qiānbǐ	鉛筆	5
铅笔盒	qiānbǐhé	筆箱	10
谦造	Qiānzào	(人名)謙造	2
前	qián	前	10
前	qián	前の、先の	
前年	qiánnián	一昨年	S6-2
前天	qiántiān	一昨日	S6-2
钱	qián	金銭	6
钱包	qiánbāo	財布	
墙	qiáng	壁、塀	20
巧克力	qiǎokèlì	チョコレート	25
轻	qīng	軽い	
清楚	qīngchu	はっきりしている	
動+清楚	qīngchu	はっきりと…する	21
请	qǐng	…するようお願いする	5
请多关照	qǐng duō guānzhào	どうぞよろしくお願いします	S5-1
请客	qǐng//kè	客として招く、ごちそうする	19

秋天	qiūtiān	秋	
去	qù	行く	2
動+去	qù	…して行く	22
全家	quánjiā	家族全員	
去年	qùnián	去年	S6-2
裙子	qúnzi	スカート	

———————— R ————————

让	ràng	…させる、…するよう言う	24
热	rè	暑い、熱い	8
热狗	règǒu	ホットドッグ	8
热闹	rènao	にぎやかである	
人	rén	人	1
认识	rènshi	知り合う、知り合いである	18
认真	rènzhēn	真剣である、まじめである	
日本	Rìběn	日本	1
日语	Rìyǔ	日本語	3
容易	róngyì	容易である	
肉	ròu	肉	24
如果	rúguǒ	もし〜なら	

———————— S ————————

三	sān	3	
伞	sǎn	傘	
三明治	sānmíngzhì	サンドイッチ	21
散步	sàn//bù	散歩する	19
山顶	shāndǐng	山頂	
商店	shāngdiàn	店	
商量	shāngliang	相談する	15
上	shàng	上	10
上	shàng	上がる、登る	23
上车	shàng//chē	車輛に乗り込む	
上次	shàng cì	前回	
上大学	shàng dàxué	大学に通う	15
上个星期	shàng ge xīngqī	先週	S6-2
上个月	shàng ge yuè	先月	S6-2
上海	Shànghǎi	上海	
上课	shàng//kè	授業に出る、授業をする	19
上午	shàngwǔ	(朝から昼まで)午前中	12
上野公园	Shàngyě Gōngyuán	上野公園	18
上学	shàng//xué	学校に通う	
名+上	shang	〜の上、〜という場所	10
稍	shāo	すこし、やや	
少	shǎo	少ない	24
少+動	shǎo	少なめに…する、…するのを控える	24
绍兴	Shàoxīng	(地名)紹興	22
蛇	shé	蛇、巳年	11
谁	shéi	誰	4
身体	shēntǐ	体	13
什么	shénme	なに、どんな	2

什么时候	shénme shíhou	いつ	20
生词	shēngcí	新出単語	22
生气	shēng//qì	腹が立つ、怒る	
生日	shēngrì	誕生日	23
生鱼片	shēngyúpiàn	刺身	19
声	shēng	声	S5-2
失恋	shī//liàn	失恋する	23
十	shí	十	S6-1
时候	shíhou	時	23
时间	shíjiān	時間	14
食堂	shítáng	食堂	7
世界	shìjiè	世界	
试	shì	試す	19
事	shì	事、用事	6
是	shì	～である	1
是～的	shì de	…したのだ	18
收	shōu	受け取る、集める、片付ける、しまう	23
收音机	shōuyīnjī	ラジオ(受信機)	
手	shǒu	手	
手表	shǒubiǎo	腕時計	11
手机	shǒujī	携帯電話	4
手帕	shǒupà	ハンカチ	
首	shǒu	[量](歌、詩など)曲、首	
瘦	shòu	痩せている	
书	shū	本、書物	5
书包	shūbāo	(子供、学生の持つ)かばん	11
书店	shūdiàn	本屋、書店	10
书架	shūjià	本棚	20
舒服	shūfu	快適である、心地良い	24
蔬菜	shūcài	野菜	24
熟	shú	馴染んでいる、充分である	
属	shǔ	(干支)～年である	11
暑假	shǔjià	夏休み	
鼠	shǔ	子年	11
数码	shùmǎ	デジタル	6
刷牙	shuā//yá	歯磨きをする	
摔	shuāi	落とす、落ちる	25
帅	shuài	かっこいい、粋である	
双	shuāng	[量](靴や箸などひとそろいのものを数える)	17
水	shuǐ	水	
水果	shuǐguǒ	果物	20
水饺	shuǐjiǎo	水餃子	16
睡	shuì	眠る	23
睡觉	shuì//jiào	眠る	12
说	shuō	言う、話す	9
说话	shuō//huà	話をする	17
司机	sījī	運転手	3
司马	Sīmǎ	(姓)司馬	23
死	sǐ	死ぬ	
四	sì	4	
送	sòng	贈る	6
宿舍	sùshè	宿舍、寮	4
岁	suì	歳	6
岁数	suìshu	年齢	S6-2
孙	Sūn	(姓)孫	6

T

它	tā	それ、あれ	1
它们	tāmen	それら、あれら	1
他	tā	彼	1
他们	tāmen	彼ら	1
她	tā	彼女	1
她们	tāmen	彼女ら	1
台	tái	[量](機器など)～台	5
台湾	Táiwān	台湾	7
太(～了)	tài(~ le)	とても、大変…だ	13
太阳	tàiyáng	太陽	25
泰国	Tàiguó	(国名)タイ	2
弹	tán	(ピアノなどの楽器を)弾く	14
躺	tǎng	横になる	17
疼	téng	痛い、痛む	24
踢	tī	蹴る、(サッカーを)する	13
体育馆	tǐyùguǎn	体育館	10
天	tiān	日、(時間の量)～日間	5
天	tiān	空(そら)	
天安门	Tiān'ānmén	天安門	
天妇罗	tiānfùluó	てんぷら	
天津	Tiānjīn	天津	
天气	tiānqì	天気、気候	12
条	tiáo	[量](スカート、ズボンなどの衣類、長くしなやかなもの)～本	5
跳舞	tiào//wǔ	踊る	19
贴	tiē	貼る	20
听	tīng	聞く	3
听见	tīngjiàn	聞こえる、耳に入る	
听说	tīngshuō	聞くところによると	
停	tíng	止める、止まる	20
停车场	tíngchēchǎng	駐車場	23
停电	tíng diàn	停電する	
挺～的	tǐng de	とても…だ、なかなか…だ	10
同班	tóngbān	同じクラス	
同学	tóngxué	同級生	7
头	tóu	[量](ウシ、ロバなどの動物)～頭、～匹	
图书馆	túshūguǎn	図書館	17
兔	tù	卯年	11
兔子	tùzi	兎	

W

外	wài	外	10
外面	wàimian	外、外側	11
外语	wàiyǔ	外国語	
動+完	wán	…し終わる	21
玩儿	wánr	遊ぶ	9
晚	wǎn	(時間が)遅い	25

勔+晚	wǎn	…するのが遅い	21
晚饭	wǎnfàn	夕食	
晚上	wǎnshang	夜	12
碗	wǎn	碗、茶碗、[量]（碗・鉢に入ったもの）〜杯	25
万	wàn	万	S6-1
王	Wáng	(姓)王	3
网球	wǎngqiú	テニス	
网上	wǎngshang	インターネット(上)	18
往	wǎng	[前]〜の方向へ	
忘	wàng	忘れる	22
忘记	wàngjì	忘れる	21
围	wéi	囲む	17
喂	wéi	(電話などの呼びかけで)もしもし	17
为什么	wèi shénme	なぜ、どうして	
位	wèi	[量]（敬意をもって人を数える）〜名	
味道	wèidao	味	8
文化	wénhuà	文化	
文化节	wénhuàjié	文化祭	
文学	wénxué	文学	
闻	wén	においをかぐ	
问	wèn	問う	6
问题	wèntí	問題、質問	19
我	wǒ	私	1
我们	wǒmen	私たち	1
午饭	wǔfàn	昼食	9
五	wǔ	5	
乌龙茶	wūlóngchá	烏龍茶	6
屋子	wūzi	部屋	23

──────── X ────────

夕阳	xīyáng	夕日	25
西	xī	西	10
西班牙语	Xībānyáyǔ	スペイン語	3
希望	xīwàng	希望する	24
习惯	xíguàn	習慣	13
洗	xǐ	洗う	22
洗澡	xǐ//zǎo	風呂に入る	19
喜欢	xǐhuan	好む	8
细	xì	細い	
下	xià	下	10
下	xià	下がる、降りる	22
下次	xià cì	次回	13
下个星期	xià ge xīngqī	来週	24
下个月	xià ge yuè	来月	S6-2
下课	xià//kè	授業が終わる、授業を終える	S5-2
下山	xià shān	下山する	25
下雪	xiàxuě	雪が降る	21
下午	xiàwǔ	午後(昼から日暮れまで)	12
下雨	xiàyǔ	雨が降る	20
夏天	xiàtiān	夏	
先	xiān	先に、まず	14

先生	xiānsheng	(主に男性に対して)〜さん	14
咸	xián	塩辛い	24
现在	xiànzài	現在、今	12
羡慕	xiànmù	羨ましく思う	25
相机	xiàngjī	カメラ	6
香	xiāng	いいにおいである	
香港	Xiānggǎng	香港	3
香织	Xiāngzhī	(人名)香織	2
想	xiǎng	[助動]…したい	13
想	xiǎng	[動]考える、思う	20
想法	xiǎngfǎ	考え方	8
橡皮	xiàngpí	消しゴム	4
小	xiǎo	(一文字の姓の前につけて、若い人に)〜さん、君	3
小	xiǎo	(年齢が)小さい、年下である	11
小岛	Xiǎodǎo	(姓)小島	18
小孩子	xiǎo háizi	子供	25
小时	xiǎoshí	(時間の量)〜時間	16
小说	xiǎoshuō	小説	6
小心	xiǎoxīn	気をつける	
小学生	xiǎoxuéshēng	小学生	
笑	xiào	笑う	
些	xiē	いくつか、いくらか	
写	xiě	書く	7
谢谢	xièxie	ありがとう	S5-1
新	xīn	新しい	8
新年	xīnnián	新年	25
信	xìn	手紙	7
星期	xīngqī	週	16
星期二	xīngqī èr	火曜日	S6-2
星期六	xīngqī liù	土曜日	14
星期日	xīngqī rì	日曜日	S6-2
星期三	xīngqī sān	水曜日	S6-2
星期四	xīngqī sì	木曜日	S6-2
星期天	xīngqī tiān	日曜日	S6-2
星期五	xīngqī wǔ	金曜日	S6-2
星期一	xīngqī yī	月曜日	14
行	xíng	(許可をして)よい、構わない	
行李	xíngli	(旅行などの)荷物	22
姓	xìng	〜という姓である	2
兄弟	xiōngdì	兄弟	S6-2
休息	xiūxi	休息する	16
选为	xuǎnwéi	〜に選ぶ	25
学	xué	学ぶ	3
学生	xuésheng	学生、生徒、児童	1
学习	xuéxí	学習する	3
学校	xuéxiào	学校	7

──────── Y ────────

牙科	yákē	歯科	
亚洲	Yàzhōu	アジア	1
研究	yánjiū	研究(する)、検討する	

演员	yǎnyuán	役者	
要	yào	[動]欲しい、必要である	5
要	yào	[助動]…したい、するつもりである、…しなければならない	13
要～了	yào～le	まもなく…する、…しそうだ	25
药	yào	薬	
钥匙	yàoshi	鍵	
颜色	yánsè	色	
眼镜	yǎnjìng	眼鏡	8
眼睛	yǎnjing	目	
羊	yáng	羊、未年	11
羊肉	yángròu	羊肉	8
爷爷	yéye	父方の祖父	15
也	yě	～も	3
叶子	yèzi	葉	12
页	yè	ページ	S5-1
夜里	yèli	夜	
一	yī	1	
一百	yìbǎi	100	
一半	yíbàn	半分	
一点儿	yìdiǎnr	少し	11
一定	yídìng	きっと、必ず	21
一共	yígòng	[副]全部で、あわせて	6
一会儿	yíhuìr	少しの間、しばらく	24
一郎	Yīláng	(人名)一郎	2
一起	yìqǐ	一緒に	7
一千	yìqiān	1000	
一万	yíwàn	10000	
一下	yíxià	ちょっと…する	15
一些	yìxiē	いくらか	20
一样	yíyàng	同じである	11
一直	yìzhí	ずっと、まっすぐに	
伊妹儿	yīmèir	電子メール	
衣服	yīfu	服	5
医生	yīshēng	医者	3
已经	yǐjing	すでに、もう	21
以后	yǐhòu	～の後	15
以前	yǐqián	以前	12
以外	yǐwài	～の他	
椅子	yǐzi	椅子	5
意大利	Yìdàlì	イタリア	1
意见	yìjiàn	意見	4
意思	yìsi	意味	
音乐	yīnyuè	音楽	3
银行	yínháng	銀行	13
饮料	yǐnliào	飲み物	5
应该	yīnggāi	…すべきである	24
英国	Yīngguó	イギリス	1
英文	Yīngwén	英語、英語で書かれた文章	22
英语	Yīngyǔ	英語	3
永远	yǒngyuǎn	永遠に	
用	yòng	使う、用いる	

邮件	yóujiàn	郵便物	15
邮局	yóujú	郵便局	9
游	yóu	泳ぐ	18
游泳	yóu//yǒng	泳ぐ	13
有	yǒu	持っている	4
有	yǒu	いる、ある	9
有点儿	yǒudiǎnr	(思わしくないことで)すこし、いくらか	24
有空	yǒu kòng	空いた時間がある	
有时	yǒushí	あるときは、時々	18
有事	yǒu shì	用事がある	
有意思	yǒu yìsi	面白い	13
右	yòu	右	10
又	yòu	また	21
鱼	yú	魚	
羽毛球	yǔmáoqiú	バドミントン	
雨	yǔ	雨	25
雨伞	yǔsǎn	雨傘	4
元	yuán	(通貨の単位)元	6
圆珠笔	yuánzhūbǐ	ボールペン	
远	yuǎn	遠い	9
月	yuè	(日付の)月	6
月份	yuèfèn	～月ころ、～月の間	20
云彩	yúncǎi	雲	25
运动	yùndòng	運動(する)	
运动鞋	yùndòngxié	運動靴	17

Z

杂志	zázhì	雑誌	20
在	zài	[動]～にいる、～にある	10
在	zài	[前]～で	17
在	zài	[副]…している(ところだ)	20
在+動	zài	～に…する	22
再	zài	また、さらに、もう	5
再见	zàijiàn	さようなら、また会いましょう	S5-1
咱们	zánmen	(聞き手を含む)私たち	1
糟了	zāo le	(困った時などに)しまった、大変だ	22
早	zǎo	(時間が)早い	16
早点儿	zǎo diǎnr	早めに	
早饭	zǎofàn	朝食	15
早上	zǎoshang	朝	12
怎么	zěnme	どのように、なぜ	9
怎么办	zěnme bàn	どのようにするか、どうしよう	
怎么样	zěnmeyàng	どのようであるか	8
站	zhàn	立つ	17
张	Zhāng	(姓)張	3
张	zhāng	[量](紙やテーブルなど平ら面が目立つもの)～台、～枚	5
着急	zháo//jí	急ぐ、慌てる	
找	zhǎo	釣り銭を出す	6
找	zhǎo	探す、(人を)尋ねる	15

找遍	zhǎobiàn	隅々まで探す	
照片	zhàopiàn	写真	7
照相	zhàoxiàng	写真を撮る	18
照相机	zhàoxiàngjī	カメラ	4
遮	zhē	遮る	25
这	zhè	これ、この	4
这边	zhèbian	こちら、このあたり	25
这个	zhège	これ、この	10
这个星期	zhè ge xīngqī	今週	S6-2
这个月	zhè ge yuè	今月	S6-2
这里	zhèli	ここ	9
这么	zhème	このように、こんなに	11
这些	zhèxiē	これら	22
这儿	zhèr	ここ	9
着	zhe	…している、…しながら	17
真	zhēn	本当に	16
真的	zhēn de	本当である	2
整个	zhěnggè	まるごと、全て	23
正	zhèng	ちょうど、正に	20
郑	Zhèng	(姓)鄭	17
支	zhī	[量](ペンなど棒状のもの)〜本	5
只	zhī	[量](鳥類、"条"、"头"以外の動物)〜羽、〜匹	21
知道	zhīdao	知る、わかる	18
职员	zhíyuán	職員	7
只	zhǐ	ただ、〜だけ	19
纸	zhǐ	紙	5
中国	Zhōngguó	中国	1
中文	Zhōngwén	中国語、中国語で書かれた文章	8
中午	zhōngwǔ	正午	12
终于	zhōngyú	ついに、とうとう	23
种类	zhǒnglèi	種類	
重	zhòng	重い	11
猪	zhū	豚、亥年	11
猪肉	zhūròu	豚肉	8
住	zhù	住む、泊まる	16
住院	zhù//yuàn	入院する	13
注意	zhùyì	注意する	24
祝	zhù	〜と祈る、〜と願う	
准备	zhǔnbèi	準備(する)	13
桌子	zhuōzi	机、テーブル	5
紫色	zǐsè	紫色(の)	
字	zì	字	9
字典	zìdiǎn	字典	
自动铅笔	zìdòng qiānbǐ	シャープペンシル	
自己	zìjǐ	自分	
自我介绍	zìwǒ jièshào	自己紹介	24
自行车	zìxíngchē	自転車	4
总是	zǒngshì	いつも、決まって	24
走	zǒu	歩く、(その場を離れ)行く	14
足球	zúqiú	サッカー	13
最	zuì	一番(〜だ)、最も	
最近	zuìjìn	最近、近いうちに	15

醉	zuì	酔う	
昨天	zuótiān	昨日	8
左	zuǒ	左	10
左右	zuǒyòu	(概数)〜くらい、前後	17
作家	zuòjiā	作家	3
作业	zuòyè	宿題	2
坐	zuò	座る、(腰掛ける乗り物に)乗る	9
座位	zuòwèi	座席	9
做	zuò	する、やる	2
做	zuò	作る	7

意味	漢字	ピンイン	出現箇所
——————— あ ———————			
ああ(気づいた時など)	啊	a	
空いている	空	kòng	
会う	见	jiàn	13
青い色(の)	蓝色	lánsè	
赤い	红	hóng	12
赤い色(の)	红色	hóngsè	
灯り、電気	灯	dēng	17
上がる、登る	上	shàng	23
明るい	亮	liàng	17
秋	秋天	qiūtiān	
あげる、くれる[動]	给	gěi	6
朝	早上	zǎoshang	12
朝ご飯、朝食	早饭	zǎofàn	15
あさって	后天	hòutiān	S6-2
味	味道	wèidao	8
アジア	亚洲	Yàzhōu	1
明日	明天	míngtiān	14
味見をする	尝	cháng	19
あそこ	那里	nàli	10
あそこ	那儿	nàr	9
遊ぶ	玩儿	wánr	9
暖かい	暖和	nuǎnhuo	
新しい	新	xīn	8
～あたり、～側	～边	bian	10
暑い、熱い	热	rè	8
合っている、正しい	对	duì	20
あなた	你	nǐ	1
あなた(敬意を含む)	您	nín	1
あなたたち	你们	nǐmen	1
姉	姐姐	jiějie	7
あの、その、あれ、それ	那	nà	4
あの、その、あれ、それ	那个	nàge	9
あのように、そのように	那么	nàme	
雨傘	雨伞	yǔsǎn	4
あまり…ではない	不太	bú tài	16
雨が降る	下雨	xiàyǔ	20
雨	雨	yǔ	25
アメリカ	美国	Měiguó	1
洗う	洗	xǐ	22
ありがとう	谢谢	xièxie	S5-1
歩く、(その場を離れ)行く	走	zǒu	14
あるときは、時々	有时	yǒushí	18
アルバイトをする	打工	dǎ//gōng	12
あれ、それ	它	tā	1
あれら	那些	nàxiē	
あれら、それら	它们	tāmen	1
慌てる、急ぐ	着急	zháo//jí	
暗記する、暗唱する	背	bèi	24
安心する	放心	fàng//xīn	
——————— い ———————			
いいにおいである	香	xiāng	
言う、話す	说	shuō	9

意味	漢字	ピンイン	出現箇所
家	家	jiā	7
家(家屋としての)	房子	fángzi	
イギリス	英国	Yīngguó	1
行く	去	qù	2
いくつ、いくつか	几	jǐ	5
いくつか、いくらか	些	xiē	
いくら、どれくらい	多少	duōshao	4
いくらか	一些	yìxiē	20
意見	意见	yìjiàn	4
医者	大夫	dàifu	
医者	医生	yīshēng	3
椅子	椅子	yǐzi	5
以前	以前	yǐqián	12
忙しい	忙	máng	15
痛い、痛む	疼	téng	24
イタリア	意大利	Yìdàlì	1
1	一	yī	
一番(～だ)、最も	最	zuì	
10000	一万	yíwàn	
一郎(人名)	一郎	Yīláng	2
いつ	什么时候	shénme shíhou	20
一緒に	一起	yìqǐ	7
いっぱいに…する	動+饱	bǎo	21
いつも、決まって	总是	zǒngshì	24
いつも、普段	平常	píngcháng	
いつも	常	cháng	
いつも	常常	chángcháng	
(～と)祈る、願う	祝	zhù	
犬	狗	gǒu	11
居眠りをする	打瞌睡	dǎ kēshuì	
今、現在	现在	xiànzài	12
意味	意思	yìsi	
妹	妹妹	mèimei	12
入れる(お茶を)	倒(茶)	dào (chá)	
いる、ある	有	yǒu	9
色	颜色	yánsè	
インターネット(上)	网上	wǎngshang	18
——————— う ———————			
烏龍茶	乌龙茶	wūlóngchá	6
上、～の上、～という場所	名+上	shang	10
上	上	shàng	10
上野公園	上野公园	Shàngyě Gōngyuán	18
受け取る、集める、片付ける、しまう	收	shōu	23
動く、動かす	动	dòng	
卯年	兔	tù	11
兎	兔子	tùzi	
牛、丑年	牛	niú	11
後ろ	后	hòu	10
薄い	薄	báo	
歌	歌	gē	16
歌う	唱	chàng	5
腕時計	手表	shǒubiǎo	11

馬、午年	马	mǎ	11
生まれる	出生	chūshēng	22
海	海	hǎi	
羨ましく思う	羡慕	xiànmù	25
売る	卖	mài	21
うれしい	高兴	gāoxìng	
運転する（車を）	开	kāi	16
運転手	司机	sījī	3
運動（する）	运动	yùndòng	
運動靴	运动鞋	yùndòngxié	17

─────── え ───────

絵	画儿	huàr	7
エアコン	空调	kōngtiáo	10
永遠に	永远	yǒngyuǎn	
映画	电影	diànyǐng	3
英語、英語で書かれた文章	英文	Yīngwén	22
英語	英语	Yīngyǔ	3
描く	画	huà	7
駅、バス停	车站	chēzhàn	9
鉛筆	铅笔	qiānbǐ	5
遠慮する、礼儀正しい	客气	kèqi	13

─────── お ───────

オリンピック	奥运会	Àoyùnhuì	
お茶	茶	chá	3
おいしい（飲んで）	好喝	hǎohē	8
おいしい（食べて）	好吃	hǎochī	8
王（姓）	王	Wáng	3
多い	多	duō	8
大きい	大	dà	9
大きくする	大点儿	dà diǎnr	S5-2
大阪	大阪	Dàbǎn	14
オーダーメードする、あつらえる	订做	dìngzuò	
大通り	街	jiē	
オートバイ	摩托车	mótuōchē	14
大みそかに行う一家そろっての晩餐	年夜饭	niányèfàn	
多めに…する	多＋動	duō	24
おかあさん、母親	妈妈	māma	12
起きる	起	qǐ	23
起きる、起床する	起床	qǐ//chuáng	19
置く	放	fàng	20
送る（郵送などで）	寄	jì	9
贈る	送	sòng	6
怒る、腹が立つ	生气	shēng//qì	
怒る、腹立たしい	气	qì	
おごる、ご馳走する、客として招く	请客	qǐng//kè	19
おじいちゃん（母方の祖父）	老爷	lǎoye	22
おじいちゃん（父方の祖父）	爷爷	yéye	15
教える	教	jiāo	6
遅い（速度が）	慢	màn	

遅い（時間が）	晚	wǎn	25
お互いに	互相	hùxiāng	
お釣りを出す、釣り銭を出す	找	zhǎo	6
弟	弟弟	dìdi	7
男の	男	nán	7
落とす、落ちる	摔	shuāi	25
おととい	前天	qiántiān	S6-2
おととし	前年	qiánnián	S6-2
踊る	跳舞	tiào//wǔ	19
同じクラス	同班	tóngbān	
同じである	一样	yíyàng	11
お兄さん、兄	哥哥	gēge	11
おばあちゃん（母方の祖母）	姥姥	lǎolao	22
おばあちゃん（父方の祖母）	奶奶	nǎinai	15
お昼、正午	中午	zhōngwǔ	12
お昼ご飯、昼食	午饭	wǔfàn	9
覚える、記録する	记	jì	21
重い	重	zhòng	11
面白い	有意思	yǒu yìsi	13
面白い、楽しい	好玩儿	hǎowánr	
面白くない	没意思	méi yìsi	
泳ぐ	游	yóu	18
泳ぐ	游泳	yóu//yǒng	13
オレンジ色（の）	橙色	chéngsè	
音楽	音乐	yīnyuè	3
女の	女	nǚ	7
お腹、腹	肚子	dùzi	8

─────── か ───────

～課、授業	课	kè	5
か（疑問）	吗	ma	1
が（動作主を明確にする）	来	lái	
～回、遍（ひと通りの動作を数える）	遍	biàn	16
～回（回数を数える）	次	cì	16
階（フロアーを数える）	楼	lóu	22
外国語	外语	wàiyǔ	
改札口	检票口	jiǎnpiàokǒu	10
会社	公司	gōngsī	7
会社員	公司职员	gōngsī zhíyuán	
開門する	开门	kāi//mén	15
買う	买	mǎi	4
返す	还	huán	
帰る、戻る	回	huí	7
帰る（家に）	回（家）	huí (jiā)	
香織（人名）	香织	Xiāngzhī	2
鍵	钥匙	yàoshi	
角（通貨の単位）	角	jiǎo	6
書く	写	xiě	7
かぐ（においを）	闻	wén	
かぐわしい	好闻	hǎowén	
学生、生徒、児童	学生	xuésheng	1
かける（電話を）	打	dǎ	7

囲む	围	wéi	17
傘をさす	打伞	dǎ sǎn	17
貸す、借りる	借	jiè	
風邪をひく	感冒	gǎnmào	12
家族全員	全家	quánjiā	
かっこいい、粋である	帅	shuài	
学校	学校	xuéxiào	7
学校(学期)が始まる	开学	kāixué	
学校がひける	放学	fàngxué	
学校に通う	上学	shàng//xué	
月ころ、～月の間	月份	yuèfèn	
彼女	她	tā	1
彼女たち	她们	tāmen	1
かばん(子供、学生の持つ)	书包	shūbāo	11
かぶる、身につける	戴	dài	
壁、塀	墙	qiáng	20
紙	纸	zhǐ	5
雷が鳴る	打雷	dǎ//léi	
カメラ	相机	xiàngjī	6
カメラ	照相机	zhàoxiàngjī	4
火曜日	星期二	xīngqī èr	S6-2
～から(距離、間隔を表す)[前]	离	lí	9
～から[前]	从	cóng	14
体	身体	shēntǐ	13
彼	他	tā	1
彼ら	他们	tāmen	1
軽い	轻	qīng	
側、～の側	～面	mian	10
かわいい	可爱	kě'ài	
川島(姓)	川岛	Chuāndǎo	2
考え方	想法	xiǎngfǎ	8
考える、思う[動]	想	xiǎng	20
関係ない、大丈夫である	没关系	méi guānxi	S5-1
韓国	韩国	Hánguó	1
看護師	护士	hùshi	3
漢字	汉字	Hànzì	
感謝する	感谢	gǎnxiè	
感じる、～と思う	觉得	juéde	24
簡単である	简单	jiǎndān	
簡単、容易である	容易	róngyì	
感動する	感动	gǎndòng	24

――――――― き ―――――――

聞いて気持ちが良い、心地よい	好听	hǎotīng	
黄色い色(の)	黄色	huángsè	
機会	机会	jīhuì	
聞く	听	tīng	3
聞くところによると	听说	tīngshuō	
菊地(姓)	菊地	Júdì	1
聞こえる、耳に入る	听见	tīngjiàn	
汽車、列車	火车	huǒchē	20
季節	季节	jìjié	
北	北	běi	10

ギター	吉他	jítā	
きっと、必ず	一定	yídìng	21
切符、乗車券(汽車・電車・バスなどの)	车票	chēpiào	
昨日	昨天	zuótiān	8
希望する	希望	xīwàng	24
～脚(背もたれのある椅子など持つところに注目するものを数える)[量]	把	bǎ	5
客	客人	kèren	20
9	九	jiǔ	
球技をする	打球	dǎ//qiú	20
休息する	休息	xiūxi	16
牛肉	牛肉	niúròu	8
牛乳	牛奶	niúnǎi	
教室	教室	jiàoshì	10
今日	今天	jīntiān	6
教科書	课本	kèběn	4
教科書の本文	课文	kèwén	2
餃子	饺子	jiǎozi	21
兄弟	兄弟	xiōngdì	S6-2
曲、首(歌、詩など)[量]	首	shǒu	
去年	去年	qùnián	S6-2
着る、穿く	穿	chuān	17
きれい、見た目がよい	好看	hǎokàn	8
きれい、美しい	漂亮	piàoliang	9
きれいである(清潔で)	干净	gānjìng	
極めて…だ、実に…だ	形+极了	jíle	19
キロメートル	公里	gōnglǐ	
気をつける	小心	xiǎoxīn	
斤(重さの単位。1斤は500g)	斤	jīn	
銀行	银行	yínháng	13
金銭	钱	qián	6
緊張している、忙しい	紧张	jǐnzhāng	
金曜日	星期五	xīngqī wǔ	S6-2

――――――― く ―――――――

果物	水果	shuǐguǒ	20
雲	云彩	yúncǎi	25
くらい(概数)、前後	左右	zuǒyòu	17
黒い、暗くなる	黑	hēi	
黒い色(の)	黑色	hēisè	
グラウンド、運動場	操场	cāochǎng	
クラス、グループ	班	bān	
来る	来	lái	9
車、車輛(自動車、電車、自転車など)	车	chē	15
車、自動車	汽车	qìchē	4
車を運転する	开车	kāi//chē	9

――――――― け ―――――――

経験(する)	经验	jīngyàn	
景山公園	景山公园	Jǐngshān Gōngyuán	
携帯電話	手机	shǒujī	4

桂林	桂林	Guìlín	
ケーキ	蛋糕	dàngāo	22
下山する	下山	xià shān	25
消しゴム	橡皮	xiàngpí	4
月（日付の）	月	yuè	6
結婚する	结婚	jié//hūn	
月曜日	星期一	xīngqī yī	14
蹴る、（サッカーを）する	踢	tī	
軒（店など）[量]	家	jiā	9
元（通貨の単位。口語）	块	kuài	6
元の 1/10。"角"の口語			
（通貨の単位）	毛	máo	6
元（通貨の単位）	元	yuán	6
研究（する）、検討する	研究	yánjiū	
健康（である）	健康	jiànkāng	
謙造（人名）	谦造	Qiānzào	2

――――――――― こ ―――――――――

～個、～人、～つ（専	个	ge	5
用の量詞をもたない			
全てのもの、人）[量]			
～個（かたまり、コ	块	kuài	
イン、消しゴム等）[量]			
5	五	wǔ	
紅（人名）	红	Hóng	2
公園	公园	gōngyuán	2
高校生	高中生	gāozhōngshēng	
公衆電話	公用电话	gōngyòng	
		diànhuà	10
公務員	公务员	gōngwùyuán	
考慮する、考える	考虑	kǎolǜ	19
紅茶	红茶	hóngchá	14
声	声	shēng	S5-2
コーヒー	咖啡	kāfēi	2
コーラ	可乐	kělè	5
故宮	故宫	Gùgōng	15
漕ぐ	划	huá	18
黒板	黑板	hēibǎn	9
ここ	这里	zhèli	9
ここ	这儿	zhèr	9
午後（昼から日暮れまで）	下午	xiàwǔ	12
心地良い、快適である	舒服	shūfu	24
小島（姓）	小岛	Xiǎodǎo	18
午前中（朝から昼まで）	上午	shàngwǔ	12
こちら、このあたり	这边	zhèbian	25
国慶節、建国記念日	国庆节	guóqìng jié	
コップ	杯子	bēizi	
古典	古典	gǔdiǎn	3
事、用事	事	shì	6
今年	今年	jīnnián	S6-2
～言、～句、～文（言	句	jù	
葉、文など）[量]			
子供	孩子	háizi	22
子供	小孩子	xiǎo háizi	25
好む	喜欢	xǐhuan	8
このように、こんなに	这么	zhème	11
ご飯、食事	饭	fàn	7

これ、この	这	zhè	4
これ、この	这个	zhège	10
これら	这些	zhèxiē	22
壊れる、悪い	坏	huài	18
今月	这个月	zhè ge yuè	S6-2
今週	这个星期	zhè ge xīngqī	S6-2
コンビニエンスストア	便利店	biànlìdiàn	8

――――――――― さ ―――――――――

歳	岁	suì	6
最近、近いうちに	最近	zuìjìn	15
財布	钱包	qiánbāo	
採用する	采用	cǎiyòng	25
採用する、受かる	录取	lùqǔ	
遮る	遮	zhē	25
魚	鱼	yú	
探す、（人を）尋ねる	找	zhǎo	15
下がる、降りる	下	xià	22
さきおととい	大前天	dàqiántiān	
さきおととし	大前年	dàqiánnián	
先に、まず	先	xiān	14
咲く（花が）	开（花）	kāi//huā	
酒	酒	jiǔ	13
刺身	生鱼片	shēngyúpiàn	19
座席	座位	zuòwèi	9
させる、…するよう言う	让	ràng	9
～冊（書籍など冊子状	本	běn	5
の　ものを数える）[量]			
作家	作家	zuòjiā	3
サッカー	足球	zúqiú	13
雑誌	杂志	zázhì	20
寒い	冷	lěng	12
さようなら、また会い	再见	zàijiàn	S5-1
ましょう			
皿	盘子	pánzi	
再来年	后年	hòunián	S6-2
再来年の翌年	大后年	dàhòunián	
さらに、その上	还	hái	14
さらに～なのですよ	还～呢	hái ～ ne	14
申年	猴	hóu	11
猿	猴子	hóuzi	
される	被	bèi	25
さん（一文字の姓の前に	老	lǎo	3
つけて、年上の）			
さん（主に男性に対して）	先生	xiānsheng	
さん、～君（一文字の	小	xiǎo	3
姓の前につけて、若い			
人に）			
3	三	sān	
参加する	参加	cānjiā	
山頂	山顶	shāndǐng	
サンドイッチ	三明治	sānmíngzhì	21
散歩する	散步	sàn//bù	19

――――――――― し ―――――――――

| 時（時刻） | 点 | diǎn | 12 |
| 字 | 字 | zì | 9 |

試合	比赛	bǐsài	
しあさって	大后天	dàhòutiān	
し終わる	勔+完	wán	21
次回	下次	xiàcì	13
しかし、だけど	不过	búguò	
しかし、だけど	但是	dànshì	
しかし、だけど	可是	kěshì	
しかも、その上	而且	érqiě	10
時間	时间	shíjiān	14
時間(時間の量)	小时	xiǎoshí	16
時間がある	有空	yǒu kòng	
試験(をする、受ける)	考试	kǎoshì	18
〜時限、〜コマ(授業な ど)[量]	节	jié	5
時刻、時間の単位、15分	刻	kè	S6-2
自己紹介	自我介绍	zìwǒ jièshào	24
仕事(をする)	工作	gōngzuò	
辞書	词典	cídiǎn	4
下	下	xià	10
した(動詞の後ろに置いて完了、実現を表す)	了	le	15
したい、するつもりである、しなければならない[助動]	要	yào	13
したい[助動]	想	xiǎng	13
したことがある	过	guo	13
したのだ	是〜的	shì de	18
したばかりである	刚	gāng	
実家	老家	lǎojiā	
しっかり…する	勔+好	hǎo	21
失恋する	失恋	shī//liàn	23
していない、しなかった	没(有)+勔	méi(you)	15
している	呢	ne	17
している(ところだ)[副]	在	zài	20
している、…しながら	着	zhe	17
…してください	吧	ba	22
して来る	勔+来	lái	22
してしまう	勔+掉	diào	25
して理解する	勔+懂	dǒng	21
字典	字典	zìdiǎn	
自転車	自行车	zìxíngchē	4
して行く	勔+去	qù	22
しない、…ではない	不	bù	1
しなければならない	得+勔	děi	19
死ぬ	死	sǐ	
司馬(姓)	司马	Sīmǎ	23
し始める	勔+起来	qǐlai	25
自分	自己	zìjǐ	
姉妹	姐妹	jiěmèi	S6-2
…しましょう(勧誘、提案)	吧	ba	9
し間違う	勔+错	cuò	21
しまった、大変だ(困った時などに)	糟了	zāo le	22

閉まる、閉める	关	guān	
事務室、オフィス	办公室	bàngōngshì	
地面	地上	dìshang	23
シャープペンシル	自动铅笔	zìdòng qiānbǐ	
写真	照片	zhàopiàn	7
写真を撮る	照相	zhàoxiàng	18
しやすい	好+勔	hǎo	
ジャッキー・チェン [人名]	成龙	Chéng Lóng	16
車輛に乗り込む	上车	shàng//chē	
〜種(学科、技術など) [量]	门	mén	
上海	上海	Shànghǎi	
週	星期	xīngqī	16
十	十	shí	S6-1
習慣	习惯	xíguàn	13
集合する	集合	jíhé	12
住所	地址	dìzhǐ	6
ジュース	果汁	guǒzhī	
授業、宿題、学校の勉強	功课	gōngkè	21
授業、〜課	课	kè	5
授業が終わる、授業を終える	下课	xià//kè	S5-2
授業に出る、授業をする	上课	shàng//kè	19
宿舎、寮	宿舍	sùshè	4
宿題	作业	zuòyè	2
出発する	出发	chūfā	14
準備(する)	准备	zhǔnbèi	13
主婦	家庭主妇	jiātíng zhǔfù	
種類	种类	zhǒnglèi	
春節、旧暦の正月	春节	chūnjié	
小学生	小学生	xiǎoxuéshēng	
乗客	乘客	chéngkè	20
紹興(地名)	绍兴	Shàoxīng	22
小説	小说	xiǎoshuō	6
食堂	食堂	shítáng	7
職員	职员	zhíyuán	7
しょっぱい、塩辛い	咸	xián	24
処理する	办	bàn	
調べる	查	chá	22
知り合う、知り合いである	认识	rènshi	
知る、わかる	知道	zhīdao	18
白い色(の)	白色	báisè	
新出単語	生词	shēngcí	22
身長	个子	gèzi	8
新年	新年	xīnnián	25
心配する	担心	dānxīn	21
新聞紙、新聞	报纸	bàozhǐ	2

---------------- す ----------------

水餃子	水饺	shuǐjiǎo	16
スイッチ	开关	kāiguān	
水曜日	星期三	xīngqī sān	S6-2
スーパーマーケット	超市	chāoshì	9
スカート	裙子	qúnzi	

スキーをする	滑雪	huá//xuě	14
過ぎる、越える	过	guò	23
すく(お腹が)、空腹である	饿	è	8
少ない	少	shǎo	24
少なめに…する、…するのを控える	少+動	shǎo	24
すぐに	就	jiù	15
すぐに	马上	mǎshàng	17
スケートをする	滑冰	huá//bīng	19
すごい(良くも悪くも)	厉害	lìhai	
少し	点儿	diǎnr	
少し	一点儿	yìdiǎnr	11
すこし、いくらか(多く思わしくないことで)	有点儿	yǒudiǎnr	24
すこし、やや	稍	shāo	
少しの間、しばらく	一会儿	yíhuìr	24
涼しい	凉快	liángkuai	11
ずっと、まっすぐに	一直	yìzhí	
ずっと…だ、はるかに…だ	形+多了	duō le	11
すでに、もう	已经	yǐjing	21
スペイン語	西班牙语	Xībānyáyǔ	3
すべきである	应该	yīnggāi	24
すべき時になる	该~了	gāi ~ le	
すべて、みな	都	dōu	2
ズボン	裤子	kùzi	5
隅々まで探す	找遍	zhǎobiàn	
すみません、申し訳ない、きまりが悪い	不好意思	bù hǎo yìsi	S5-1
住む、泊まる	住	zhù	16
する(球技を)	打	dǎ	13
する、やる	干	gàn	20
する、やる	做	zuò	2
するな、…してはいけない	别	bié	24
するな、…してはいけない	不要	búyào	13
するのが遅い	動+晚	wǎn	21
する必要はない、…しなくともよい	不用	búyòng	13
するようお願いする	请	qǐng	5
する様子、状態が〜である	動+得+補	de	16
する予定である	打算	dǎsuan	
座る、(腰掛ける乗り物に)乗る	坐	zuò	9

―――――― せ ――――――

清潔に…する	動+干净	gānjìng	22
成績	成绩	chéngjì	8
セーター	毛衣	máoyī	23
背負う	背	bēi	
世界	世界	shìjiè	
1000	一千	yìqiān	
千	千	qiān	6
前回	上次	shàng cì	

先月	上个月	shàng ge yuè	S6-2
先週	上个星期	shàng ge xīngqī	S6-2
先生	老师	lǎoshī	1
全部で、あわせて[副]	一共	yígòng	6

―――――― そ ――――――

〜そうなのか、〜なのか啊		a	14
掃除する	打扫	dǎsǎo	20
送信、発信、発送する	发	fā	15
相談する	商量	shāngliang	15
〜足、〜膳(靴や箸などひとそろいの物を数える)[量]	双	shuāng	17
そこ	那里	nàli	10
そこ	那儿	nàr	9
卒業(する)	毕业	bì//yè	
外	外	wài	10
外、外側	外面	wàimian	11
その、あの、それ、あれ	那	nà	4
その、それ、あの、あれ	那个	nàge	9
そのように、あのように	那么	nàme	
空	天	tiān	
それ、あれ	它	tā	1
それでは	那	nà	9
それとも	还是	háishi	14
それら	那些	nàxiē	
それら、あれら	它们	tāmen	1
孫(姓)	孙	Sūn	6

―――――― た ――――――

第	第	dì	5
〜台(車輌など)[量]	辆	liàng	5
〜台(機器など)[量]	台	tái	5
〜台、〜枚(紙やテーブルなど平ら面が目立つもの)[量]	张	zhāng ブル	5
タイ(国名)	泰国	Tàiguó	2
体育館	体育馆	tǐyùguǎn	10
大学	大学	dàxué	7
大学生	大学生	dàxuéshēng	12
大学に通う	上大学	shàng dàxué	15
大差ない	差不多	chà bu duō	
対して[前]	对	duì	13
代表	代表	dàibiǎo	25
太陽	太阳	tàiyáng	25
大連(地名)	大连	Dàlián	
台湾	台湾	Táiwān	7
倒す、倒れる	倒	dǎo	
高い(高さが)	高	gāo	8
高いところ	高处	gāochù	
高い(値段が)、高価だ	贵	guì	8
抱く、抱える	抱	bào	
出す(手紙を)	寄(信)	jì (xìn)	
助ける、手伝う	帮助	bāngzhù	18
ただ、〜だけ	只	zhǐ	19
〜たち(人称代詞や人を们		men	

日本語	中国語	ピンイン	課
指す名詞の後につけて複数を表す)			
立つ	站	zhàn	17
卓球	乒乓球	pīngpāngqiú	13
たばこを吸う	抽烟	chōu//yān	12
食べる	吃	chī	2
だめ、よくない	不行	bùxíng	
試す	试	shì	19
足りない	差	chà	S6-2
誰	谁	shéi	4
～段、～区切り（段階、区切りなど）［量］	段	duàn	
誕生日	生日	shēngrì	23
だんだんと	渐渐	jiànjiàn	

―――――――― ち ――――――――

日本語	中国語	ピンイン	課
小さい（年齢が）、年下である	小	xiǎo	11
近い	近	jìn	9
地下鉄	地铁	dìtiě	9
チケット、切符	票	piào	21
地方（中央に対する）	地方	dìfāng	
チャイナドレス	旗袍	qípáo	18
茶色い色（の）	咖啡色	kāfēisè	
～着、～つ（衣類、品物、事物などを数える）［量］	件	jiàn	5
着（スカート、ズボン）、～本（長くしなやかなもの）［量］	条	tiáo	5
注意する	注意	zhùyì	24
中学生	初中生	chūzhōngshēng	
中華まん	包子	bāozi	5
中国語	汉语	Hànyǔ	3
中国	中国	Zhōngguó	1
中国語、中国語で書かれた文章	中文	Zhōngwén	8
駐車場	停车场	tíngchēchǎng	23
注文する（料理について言う）	点	diǎn	
張（姓）	张	Zhāng	3
ちょうど、正に	正	zhèng	20
チョコレート	巧克力	qiǎokèlì	25
ちょっと…する	一下	yíxià	15
陳（姓）	陈	Chén	14

―――――――― つ ――――――――

日本語	中国語	ピンイン	課
ついに、とうとう	终于	zhōngyú	23
～通（封書など）［量］	封	fēng	15
使う、用いる	用	yòng	
使う、費やす（金、時間などを）	花	huā	
疲れる	累	lèi	19
机、テーブル	桌子	zhuōzi	5
作る	做	zuò	7
伝える、告げる	告诉	gàosu	6
包む	包	bāo	
連れる（人などを）	带	dài	21

―――――――― て ――――――――

日本語	中国語	ピンイン	課
手	手	shǒu	
～で［前］	在	zài	17
である	是	shì	1
鄭（姓）	郑	Zhèng	17
提案する	建议	jiànyì	25
停電する	停电	tíng diàn	
出入り口	门口	ménkǒu	14
出かける	出门	chū//mén	
手紙	信	xìn	7
できない	動+不+補	bu	23
できない、…しきれない	動+不了	buliǎo	
できる	動+得+補	de	23
できる	能	néng	18
できる（技術などを習得して）	会	huì	14
できる、大丈夫である、…してもよい	可以	kěyǐ	18
デジタル	数码	shùmǎ	6
～でしょう（推量）	吧	ba	19
テニス	网球	wǎngqiú	
出迎える	接	jiē	10
出る	出	chū	23
テレビ	电视	diànshì	2
テレビ（受像機）	电视机	diànshìjī	
天安門	天安门	Tiān'ānmén	
店員（サービス業の）	服务员	fúwùyuán	5
天気、気候	天气	tiānqì	12
電子	电子	diànzǐ	4
電車	电车	diànchē	14
天津	天津	Tiānjīn	
電灯	电灯	diàndēng	
てんぷら	天妇罗	tiānfùluó	
電話	电话	diànhuà	4

―――――――― と ――――――――

日本語	中国語	ピンイン	課
～と	和	hé	5
～と（…する）［前］	跟	gēn	7
ドア、扉、門	门	mén	
オープンする、ドアを開ける	开门	kāi//mén	15
～と言う、呼ぶ	叫	jiào	2
～という姓である	姓	xìng	2
ドイツ	德国	Déguó	14
ドイツ語	德语	Déyǔ	
トイレ	厕所	cèsuǒ	10
～頭、～匹（ウシ、ロバなどの動物）［量］	头	tóu	
問う	问	wèn	6
どういたしまして	哪里	nǎli	16
どういたしまして	不谢	bú xiè	S5-1
どういたしまして	不客气	bú kèqi	S5-1
同級生	同学	tóngxué	7
東京	东京	Dōngjīng	14
東西	东西	dōngxī	
当然、もちろん	当然	dāngrán	
どうぞよろしくお願い	请多关照	qǐng duō	

99

日本語	中国語	ピンイン	
します	guānzhào		S5-1
動物園	动物园	dòngwùyuán	
道理で、なるほど	怪不得	guàibude	16
遠い	远	yuǎn	9
時	时候	shíhou	23
どこ	哪里	nǎli	9
どこ	哪儿	nǎr	9
登山する	爬山	pá//shān	13
閉じる	闭	bì	
年上である、大きい	大	dà	11
～年である(干支)	属	shǔ	11
図書館	图书馆	túshūguǎn	17
とても(時に意味を持たない場合もあるので注意)	很	hěn	8
とても、大変…だ	太(～了)	tài(～ le)	13
とても…だ、なかなか…だ	挺～的	tǐng de	10
どの(複数)、どれ(複数)	哪些	nǎxiē	
どの、どれ	哪	nǎ	4
どの、どれ	哪个	nǎ ge	10
どのくらい…か	多+形	duō	14
どのくらい長いか	多长	duō cháng	14
どのようであるか	怎么样	zěnmeyàng	8
どのように、なぜ	怎么	zěnme	9
どのようにするか、どうしよう	怎么办	zěnme bàn	
飛ぶ	飞	fēi	
止める、止まる	停	tíng	20
友達	朋友	péngyou	7
土曜日	星期六	xīngqī liù	14
豊田(姓)	丰田	Fēngtián	2
虎	老虎	lǎohǔ	
寅年	虎	hǔ	11
鶏、酉年	鸡	jī	11
鶏肉	鸡肉	jīròu	8
努力する、励む	努力	nǔ//lì	16

な

ない	没	méi	4
中、～の中、～という場所	图+里	li	10
中、内部	里	lǐ	10
長い	长	cháng	
長い間、久しい間	好久	hǎojiǔ	S5-1
流れる	流	liú	
泣く	哭	kū	25
馴染んでいる、充分である	熟	shú	
なぜ、どうして	为什么	wèi shénme	
なった、～になる(文末に置いて変化を表す)	了	le	12
夏	夏天	xiàtiān	
夏休み	暑假	shǔjià	
7	七	qī	
なに、どんな	什么	shénme	2
～なのだろうか	呢	ne	8

～なのですよ	呢	ne	14
名前	名字	míngzi	2
何歳であるか	多大	duō dà	S6-2
なんと	多么	duōme	
何日か、数日	几天	jǐ tiān	

に

2	二	èr	
～に、～の方向へ[前]	往	wǎng	
～に(…してあげる、…する)[前]	给	gěi	7
～に…する	在+動	zài	22
～にいる、～にある[動]	在	zài	10
～に選ぶ	选为	xuǎnwéi	25
にぎやかである	热闹	rènao	
肉	肉	ròu	24
西	西	xī	10
日曜日	星期日	xīngqī rì	S6-2
日曜日	星期天	xīngqī tiān	S6-2
～になる(職業、立場など)	当	dāng	13
～にはもう	就	jiù	
日本	日本	Rìběn	1
日本語	日语	Rìyǔ	3
荷物(旅行などの)	行李	xíngli	22
入院する	住院	zhù//yuàn	13
入手を表す	動+到	dào	24
～人(家族全体の人数を数える)[量]	口	kǒu	S6-2
～人分(料理など)[量]	份	fèn	

ぬ

濡れる	淋湿	línshī	25

ね

猫	猫	māo	21
鼠	老鼠	lǎoshǔ	
子年	鼠	shǔ	11
値段	价钱	jiàqian	
熱が出る	发烧	fā//shāo	
眠い	困	kùn	
眠る	睡	shuì	23
眠る	睡觉	shuì//jiào	12
年、～年間	年	nián	S4-4
～年生、学年	年级	niánjí	S5-1
年齢	岁数	suìshu	S6-2

の

～の(連体修飾語を作る)	的	de	4
～の後	以后	yǐhòu	15
ノート	本子	běnzi	
ノート	笔记本	bǐjìběn	
喉が渇いている	渴	kě	24
～の他	以外	yǐwài	
登る	登	dēng	
登る	爬	pá	13
飲み物	饮料	yǐnliào	5

| 飲む | 喝 | hē | 2 |
| 乗る（またがって） | 骑 | qí | 9 |

────── は ──────

葉	叶子	yèzi	12
馬(姓)	马	Mǎ	18
～は(疑問)	呢	ne	2
～杯(コップに入った飲み物を数える)[量]	杯	bēi	5
～杯(茶碗など)、～椀[量]	碗	wǎn	25
灰色(の)	灰色	huīsè	
配偶者、妻、夫	爱人	àiren	
歯医者さん、歯科	牙科	yákē	
入る	进	jìn	22
這う	趴	pā	
はさみ	剪刀	jiǎndāo	
始める	开始	kāishǐ	S5-2
はじめまして	初次见面	chūcì jiànmiàn	S5-1
場所、ところ	地方	dìfang	9
走る	跑	pǎo	16
走る、駆け足をする	跑步	pǎo//bù	
バス、路線バス	公共汽车	gōnggòng qìchē	22
バスケットボール	篮球	lánqiú	
パソコン	电脑	diànnǎo	3
8	八	bā	
はっきりしている	清楚	qīngchu	
はっきりと…する	動+清楚	qīngchu	21
発表する	发表	fābiǎo	
バドミントン	羽毛球	yǔmáoqiú	
話	话	huà	4
話をする	说话	shuō//huà	17
話す、言う、…について言う	讲	jiǎng	
歯磨きをする	刷牙	shuā//yá	
速い	快	kuài	16
早い(時間が)	早	zǎo	16
早く、急いで	赶快	gǎnkuài	23
速く…する	快+動	kuài	22
早めに	早点儿	zǎo diǎnr	
貼る	贴	tiē	20
春	春天	chūntiān	
バレーボール	排球	páiqiú	
半(時刻)、30分	半	bàn	S6-2
パン	面包	miànbāo	5
ハンカチ	手帕	shǒupà	
番号	号码	hàomǎ	4
ハンバーガー	汉堡包	hànbǎobāo	7
半分	半	bàn	16
半分	一半	yíbàn	
万里の長城	长城	Chángchéng	

────── ひ ──────

～日(日付の)	号	hào	5
日、(時間の量)～日間	天	tiān	5
ピアノ	钢琴	gāngqín	14
ビール	啤酒	píjiǔ	5

比較的、割合と	比较	bǐjiào	8
東	东	dōng	10
～匹、～頭(ウマ、ラバなどの動物)[量]	匹	pǐ	
～匹、～羽(小動物、鳥類などを数える)[量]	只	zhī	21
弾く(バイオリンなどの楽器を)、引っ張る	拉	lā	
弾く(ピアノなどの楽器を)	弹	tán	14
低い(背・丈が)	矮	ǎi	
低いところ	低处	dīchù	
飛行機	飞机	fēijī	20
飛行場、空港	机场	jīchǎng	9
非常に、とても	非常	fēicháng	10
左	左	zuǒ	10
引っ越しをする	搬家	bān//jiā	20
羊、未年	羊	yáng	11
羊肉	羊肉	yángròu	8
人	人	rén	1
一人っ子(女の)	独生女	dúshēngnǚ	
一人っ子(男の)	独生子	dúshēngzǐ	
100	一百	yìbǎi	
百	百	bǎi	S6-1
病気(になる)	病	bìng	
開く	打开	dǎkāi	S5-2
開く	开	kāi	17
宏(人名)	宏	Hóng	2

────── ふ ──────

～部(映画、小説などを数える)[量]	部	bù	
風景	风景	fēngjǐng	
付近、近く	附近	fùjìn	
拭く、拭う、擦る	擦	cā	22
服	衣服	yīfu	5
福岡	福冈	Fúgāng	3
復習する	复习	fùxí	24
富士山	富士山	Fùshì Shān	4
豚、亥年	猪	zhū	11
二つ	两	liǎng	5
豚肉	猪肉	zhūròu	8
筆箱	铅笔盒	qiānbǐhé	10
太い	粗	cū	
太っている	胖	pàng	12
船、ボート	船	chuán	18
冬	冬天	dōngtiān	
冬休み	寒假	hánjià	
フランス	法国	Fǎguó	14
フランス語	法语	Fǎyǔ	16
古い	旧	jiù	
プレゼント、贈り物	礼物	lǐwù	6
風呂に入る	洗澡	xǐ//zǎo	19
分(時刻)	分	fēn	12
分(通貨の単位)	分	fēn	6
文化	文化	wénhuà	
文学	文学	wénxué	

| 文化祭 | 文化节 | wénhuàjié | |
| ～分間 | 分钟 | fēnzhōng | 16 |

——————— へ ———————

ページ	页	yè	S5-1
北京	北京	Běijīng	8
ベッド	床	chuáng	
蛇、巳年	蛇	shé	11
部屋	房间	fángjiān	4
部屋	屋子	wūzi	23
編(文章など)[量]	篇	piān	
ペン	笔	bǐ	
勉強する、学習する	学习	xuéxí	3
便利である	方便	fāngbiàn	

——————— ほ ———————

帽子	帽子	màozi	
ボールペン	圆珠笔	yuánzhūbǐ	
ほかでもなく	就	jiù	20
他の人	别人	biérén	
欲しい、必要である[動]	要	yào	5
細い	细	xì	
ホットドッグ	热狗	règǒu	8
ホテル	饭店	fàndiàn	
ホワイトボード	白板	bái bǎn	
～本(傘など持つところに注目するものを数える)[量]	把	bǎ	5
～本、～瓶(瓶状のもの)[量]	瓶	píng	5
本、書物	书	shū	5
～本(ペンなど棒状のもの)[量]	支	zhī	5
香港	香港	Xiānggǎng	3
本棚	书架	shūjià	20
本当である	真的	zhēn de	2
本当に	真	zhēn	16
本屋、書店	书店	shūdiàn	10
翻訳(する)、通訳(する)	翻译	fānyì	3

——————— ま ———————

まあまあである	还可以	hái kěyǐ	
麻婆豆腐	麻婆豆腐	mápó dòufu	16
～枚(絵など)[量]	幅	fú	31
毎週	每个星期	měi ge xīngqī	19
毎月	每个月	měi ge yuè	S6-2
毎年	每年	měinián	S6-2
毎日	每天	měitiān	12
前	前	qián	10
前の、先の	前	qián	
曲がる(角などを)	拐	guǎi	
まじめである、真剣である	认真	rènzhēn	
また	又	yòu	21
また、さらに、もう	再	zài	5
まだ、なおも	还	hái	4
まだ…している	还～呢	hái ～ ne	
また明日	明天见	míngtiān jiàn	S5-1

また後ほど	回头见	huítóu jiàn	S5-1
待つ	等	děng	15
～まで、ある地点、場所まで	到	dào	14
～まで…する	動+到	dào	22
窓	窗户	chuānghu	17
学ぶ	学	xué	3
まもなく…する	就要～了	jiùyào ～ le	25
まもなく…する	快～了	kuài ～ le	25
まもなく…する	快要～了	kuàiyào ～ le	25
まもなく…する、…しそうだ	要～了	yào ～ le	25
まるごと、全て	整个	zhěnggè	23
万	万	wàn	S6-1
万年筆	钢笔	gāngbǐ	
マントー(中国式蒸しパン)	馒头	mántou	

——————— み ———————

見える	看见	kànjian	25
右	右	yòu	10
短い	短	duǎn	
水	水	shuǐ	
店	商店	shāngdiàn	
みだりに…する	乱	luàn	24
道	路	lù	
緑色(の)	绿色	lǜsè	
皆	大家	dàjiā	21
南	南	nán	10
苗字(丁寧な言い方)	贵姓	guìxìng	2
見る、読む	看	kàn	2

——————— む ———————

向かい、正面	对面	duìmiàn	10
難しい	难	nán	
紫色(の)	紫色	zǐsè	

——————— め ———————

目	眼睛	yǎnjing	
～名(敬意をもって人を数える)[量]	位	wèi	
メートル	米	mǐ	4
メール、電子メール	伊妹儿	yīmèir	
眼鏡	眼镜	yǎnjìng	8
めくる(ページを)	翻	fān	S5-1
メニュー	菜单	càidān	
面倒をかける、煩わしい	麻烦	máfan	
麺類	面条	miàntiáo	

——————— も ———————

～も	也	yě	3
申し訳なく思う	对不起	duìbuqǐ	17
もし～なら	如果	rúguǒ	
木曜日	星期四	xīngqī sì	S6-2
もしもし(電話などの呼びかけで)	喂	wéi	17
持つ(身に着けて)	带	dài	13
持つ(手に)	拿	ná	17
持っている	有	yǒu	4

日本語	中文	ピンイン	課
もの、品物	东西	dōngxi	9
物語	故事	gùshi	
問題、質問	问题	wèntí	19
問題ない、大丈夫である	没问题	méi wèntí	23

―――― や ――――

焼肉	烤肉	kǎoròu	19
野球	棒球	bàngqiú	
役者	演员	yǎnyuán	
野菜	蔬菜	shūcài	24
安い	便宜	piányi	8
休みになる	放假	fàng//jià	
痩せている	瘦	shòu	
やって来る、到着する	到	dào	15
やっと、ようやく	才	cái	
やはり	还是	háishi	23

―――― ゆ ――――

夕方	傍晚	bàngwǎn	
夕食	晚饭	wǎnfàn	
夕日	夕阳	xīyáng	25
郵便局	邮局	yóujú	9
郵便物	邮件	yóujiàn	15
愉快である、楽しい	开心	kāixīn	16
雪が降る	下雪	xiàxuě	21

―――― よ ――――

よい	好	hǎo	6
よい、構わない(許可を行して)よい	行	xíng	
よいところ、長所	好处	hǎochù	
酔う	醉	zuì	
用事がある	有事	yǒu shì	
曜日	礼拜	lǐbài	
よく、普段から	经常	jīngcháng	17
よこす、注文する	来	lái	
横になる	躺	tǎng	17
読む(声に出して)、朗読する	念	niàn	2
〜より、〜と比べて	比	bǐ	11
夜	晚上	wǎnshang	12
夜	夜里	yèli	
4	四	sì	

―――― ら ――――

来月	下个月	xià ge yuè	S6-2
来週	下个星期	xià ge xīngqī	24
ライス	米饭	mǐfàn	
ライト(車輌の)	车灯	chēdēng	18
来年	明年	míngnián	S6-2
ラジオ	广播	guǎngbō	
ラジオ(受信機)	收音机	shōuyīnjī	

―――― り ――――

李(姓)	李	Lǐ	1
劉(姓)	刘	Liú	3
龍、辰年	龙	lóng	11
留学する	留学	liú//xué	12
留学生	留学生	liúxuéshēng	1

流暢である	流利	liúlì	16
リュックサック	背包	bēibāo	9
両替する	换钱	huàn//qián	13
両親	父母	fùmǔ	24
料理、おかず	菜	cài	2
旅行(する)	旅游	lǚyóu	12
旅行(する)	旅行	lǚxíng	
離陸する	起飞	qǐfēi	25
リンゴ	苹果	píngguǒ	

―――― れ ――――

冷蔵庫	冰箱	bīngxiāng	20
歴史	历史	lìshǐ	
レストラン	餐厅	cāntīng	
レポート	报告	bàogào	
練習(する)	练习	liànxí	22

―――― ろ ――――

ローストダック	烤鸭	kǎoyā	8
労働者	工人	gōngrén	
6	六	liù	
録音したもの	录音	lùyīn	
ロシア	俄国	Éguó	1
魯迅(人名)	鲁迅	Lǔ Xùn	22

―――― わ ――――

わかる	明白	míngbai	
脇、側	旁边	pángbiān	10
忘れる	忘	wàng	22
忘れる	忘记	wàngjì	21
私	我	wǒ	1
私たち	我们	wǒmen	1
私たち(聞き手を含む)	咱们	zánmen	1
渡辺(姓)	渡边	Dùbiān	2
笑う	笑	xiào	

音声ファイルの無料ダウンロード
http://www.nellies.jp/download/ch/2016fuji.html

中国語に続く道―富士山を目指して―

2018年3月10日　［第二版］　増補版1刷
2025年3月3日　［第二版］　増補版8刷

著者　　　大島　吉郎（おおしま　よしろう）
　　　　　小栗山　恵（おぐりやま　けい）
　　　　　鋤田　智彦（すきた　ともひこ）
　　　　　頼　　明（らい　あきら）
発行者　　石谷　雄也
発行所　　株式会社　シェーンコーポレーション　ネリーズ事業部
　　　　　〒160-0023　東京都新宿区西新宿7-21-3　西新宿大京ビル1F
　　　　　URL: https://nellies-bs.com
　　　　　E-mail: shoten@nellies.jp

印刷・製本　株式会社　エデュプレス

©Yoshiro Oshima, Kei Oguriyama, Tomohiko Sukita, Akira Rai
ISBN978-4-905527-57-2 C1087
Printed in Japan